龍騰天下
二部曲

易經

的鑰匙
開啟天書

徐子雲
戴振琳（懷常）

著

作者序

　　「需卦」，告訴人們，事情之來非偶然，命運也不會是偶然的，寧靜到波濤有其必然性的連接，從偶然機會裡創造機會，掌握機會，實踐機會，滿足欲望。一個需求欲望，需要一個完善縝密條件，配合與執行每一個新的需要、需求執行過程中，內外不一的爭執，促使矛盾與衝突的對立，因而有「需卦」之後，「訟卦」的調停。

　　「訟卦」，乾為天，在上；坎為水，在下，天與水違行，誰都不禮讓，各持其理而有「訟」端。訟卦，善於化訟者，以妥協代替對抗，為小為無為好，以無訟為最高指導原則。但也有，以威嚇、扣帽子等方式，令之以服。結果，相爭，氣不過，傾力予以對決，爭鋒相對，而有「訟」卦之後，「師卦」的交戰。

　　「師卦」，戰爭，必須師出有名。「正義」不能淪為口號，「為何而戰，為誰而戰。」人生是戰役的延續，從中累積真諦，改變文明與文化，是一場值得的人生大戰。每個人心中都有一支軍隊，一支跨越未來的主力部隊，而有「師」卦之後，「比」卦之擴展，擴建人生、事業版圖。

　　「比卦」，水地比，水因謙卑就下，順地之勢以成江河大海。人心似水，有股似水的力量，推動世界波動，激起浪潮，推動雄心壯志，建造事業功勳版圖。比之所以吉，眞誠感受客觀「比」對，完善「才能與德行」，由小以畜大，成就高尚品德操守，故以「比卦」之後，而有「畜卦」畜養德行。

　　「畜卦」，「小畜」的小，是成就大事的基礎。以小畜大，從點滴歷練過程擷取成功經驗，用成功方法打造人生價值。欲昇華人生價值觀，上知天意（大環境趨勢，乾爲天，爲天意），下知心意（兌爲澤，爲心，爲心意），辨上下定民志（定志向），建立規矩，履行實踐，成就志向之成，故有「畜卦」之後，「履卦」之實踐。

　　「履卦」，明知山有虎，還能通行無阻，這是爲何？原來，老虎被關在籠子裡，籠子就像規矩，規矩心中坐，不讓風險靠近。令其國家、社會在「君君、臣臣、父父、子子」規範下，各職所司、各盡本分，建構國泰民安祥和社會，故以「履卦」之後，而有「泰卦」世代的來臨。

　　「泰卦」，三陽（羊）開泰，小往而大來，事事順心志遂，順至極點，樂而忘憂，物極必反，小心！泰的時代即將結束，「否」的時代將來。處泰之來，戒愼戒懼以律己，「居安思危」持盈保泰；如若不能生聚教訓，恐有順轉逆之

虞，故「泰」之後，而有「否」的來臨。

　　「否卦」，「否」的現象是天地背離，陰、陽閉塞，消息不通，上，上不去；下，下不來，造成萬物難以順暢互通。「盛極而衰，否極泰來」告誡，好時居安思危，樂觀中抱持遠慮，而能持盈保泰。泰是通順，好；否是閉塞，不好，二者相反相成。事有一體兩面，有好、有壞相互轉化，好到極點可以轉壞，壞到極點可以轉好，唯心所造。「否極」，致力改善終能等到「泰」的來臨；「否」到了終極，參透趨勢，終能打開閉塞，則「否」必然傾覆，又是一個新紀元的開始，願龍騰天下三部曲，帶領諸位，探索新紀元大同世界的序幕，故「否」之後，而有「同人」之志（世界大同之願景）。

戴振琳(懷常)　徐子雲

目　錄

水天需 坎上乾下

第伍卦
水天需　坎上乾下 ䷄

第一章 卦辭 彖辭

第一節 卦辭

需，有孚，光亨，貞吉， 利涉大川。

　　需卦（䷄）：內卦乾，乾為天；外卦坎，坎為水、為雲。「水天需」雲在天上，隱喻內涵是什麼呢？對此天象，凡人總是輕描淡寫地言道：「興雲是為了佈雨」。智者，他會怎麼做呢？「興雲」之前，爭取更多的能量；「佈雨」之後，妥善處理規畫事宜；「興雲」與「佈雨」過程之中，適時、適度調整觀念，權宜變通以修正、改善不妥之處。（需卦䷄，除第二爻陽爻居陰位，不得位外，餘皆得位，因居內卦之中之故，得以適時、適度調整觀念以應「九五」之需，摒除陽爻對陽爻敵應之虞。）

　　需卦(☰☵)：內卦，乾爲天，人的內心活動，似天之運行，健而不息，動而不止；外卦，坎爲水、爲雲，外在世界，似水、似雲之變化，險而多變，測而不得。因此，人人內心的一片天，似水、似雲不時幻化各種不同的欲望、或希望，至於如何在幻化世界之中，滿足欲望成就心中願，在於「有孚」，心存「至誠」以對心中道、物，才有滿足欲望、成就心中願兌現的一天。

　　「有孚」在道(心中有道)則明，明其「物有本末、事有終始，知所先後，則近道矣！」心存至誠以對其道，明其道之本源，含弘光大亨通理念，始終如一堅守「心中道」，貫徹意志以得吉，有利於開拓人生、事業鴻圖，「有孚，光亨，貞吉，利涉大川。」

　　昔之周文王，面對商紂暴虐無道，內心升起一個強烈需求，「仁政」治天下的理想，居於商朝之西的歧山，身先士卒以「仁政」爲其道(心中道，有孚也)教化人民，含弘光大亨通理念，貞守「仁政」施政方針，積累功德而擁有天下三有其二的民心，吉也，人和配合天時、地利，加上實力、能力充沛，利涉大川，創建周朝天下八百餘年基業，「需，有孚，光亨，貞吉，利涉大川。」

　　綜而論之，「需卦」非僅是一般所言的「等待」或「以逸代勞」意涵而已，它強調是「道之成」(**猶如周文王，

從需卦中體悟仁政的哲思成其道施其政**），從有孚之「至誠」面對心中物，而能「明」其物之本性，明其「物有本末、事有終始，知所先後」遂成「心中道」，從而光大理念、亨通理念，「至誠」守著「心中道」貫徹理念、實踐理想以得吉，有利人生、事業鴻圖發展，「需，有孚，光亨，貞吉，利涉大川」。

（一）「一代不如一代」與「一代強過一代」

父母希望子女有出路，子女希望有父母牽成，「望子成龍，望女成鳳」在父母心裡永駐，能否如願，端視父母對子女養成教育良善與否？

有對父母來到學校，聽到老師訓示孩子，竟然從椅子站起來，大聲叫道：

「什麼？不可能，我家孩子一向乖巧，一定是老師責罵，才與您頂嘴？」

這場景，讓人看了不勝噓唏，這種人性心裡，對嗎？父母不問孩子是非，還一昧地祖護，甚或牽怒，愛之足以害之，造成孩子思想、行為的偏差，促成小惡不除，大惡必隨，不得不愼呀！

　　種什麼因，得什麼果，「誠而有信」坦承錯誤，是給予孩子的機會教育，給予孩子往正面人格特質發展的機會，亦是「一代強過一代」的種因「需，有孚」。若不是，如故事中的劇情，不知檢討，負面教育，帶來的後果，傷了自身也害了孩子，上樑不正下樑歪，錯把偏差、偏執當乖巧，錯都是別人的錯，人格偏差，無人可容，無人可敬，造成觀念扭曲、行止偏執，當然，「一代不如一代」。

　　「需」是有條件、要件，善惡一線間，愼選種因，善則固之，惡則去之。爲了人生、事業及後代傳承，心中必須有一個明確圖騰，愼選需要、需求，做爲人生、事業（亦如望子成龍，望女成鳳）奮鬥期待、願景的「心中道」，發揚光大爲理念、理想種子，貞守「道」之善，予以經營，有利開創人生、事業之大舉，從此境界到另一高境界。「需，有孚，光亨，貞吉，利涉大川」。

（二）誠信價值

　　需卦，水天需，雲在天上飄，能量不足難以成事，一旦雲量充沛、能量足夠，「雲」先生自會向大地欣然說道：

　　「我來了，久違了。」呼應大地的「雷」，雷也說道：

「我來了，久等了。」兩相共振、共鳴，鼓之以雷霆，潤之以風雨，不帶一絲虛僞，自然而然，下起雨來。如果，缺少一點，該如何？

「等待」的目的，從中蓄積能量，滿足能量需求，自會降下雨水，誠信亦然，誠信滿盈，自能受人信賴。天象看似無謂，一片浮雲，卻有深邃意義。浮雲用無聲言語及實際作爲告訴世人：

「我有多少能量，就下多少雨，這是我的誠信。」雲，它的作爲光明磊落，從不隱瞞活動脈絡，亙古不變守著「誠實」原則，受到老天爺信任和鍾愛。萬物需要雨水，老天爺二話不說，給它足夠時間和空間補充能量，降下甘泉雨露，嘉惠大地蒼生。需卦，水天需，帶給領導階層的省思，又是什麼呢？

人民、部屬所以願意追隨頂頭上司，「需」要的是誠信，相信領導階層是「有孚」的，能夠給人民、部屬帶來希望，交出好的施政績效；在領導階層誠摯有爲帶領之下，讓他們通往光明大道，成就人生福祉，「光亨」；身爲領導階層，當要反躬深思，「民之所欲，長在我心」，樹立威信，則吉，「貞吉」；人民、部屬感其領導者的「誠意、正心」，而願衷心追隨，與之共創人生、事業之鴻圖，「利涉大川」。

　　「有孚」強調自律及人的誠信，敬己敬人誠實無欺面對「心中願」，理直氣壯、光明正大說道：「我能，我有充沛能量與能力；我行，我有足夠能量與能力，滿足需求。」堅守「心中願」，光大理念、亨通理念，爲之所有、所用，故吉，「光亨，貞吉」。

　　「不愁無物，只愁無道」，無物可創，無道難爲，面對心中願，心存誠信以成道，道生一、道生二及於無限，誠信爲本，擴而大之，弘揚想法、作法，言而有物，行而有成，開創人生事業之大舉，「利涉大川」。

第二節　彖辭

　　彖曰：需，須也。險在前也。剛健而不陷，其義不困窮矣。需，有孚，光亨，貞吉，位乎天位，以正中也。利涉大川，往有功也。

　　「需，須也」，凡有所爲，心裡必須告訴自己，需求什麼？需要什麼幫助？還必須具備那些條件？

　　需要或需求，必須付出代價、風險。你知、我知、天知，就沒有風險問題，但，有些事情非己所能度，弄不清楚所居角色，無名風險就在前方等待，「險在前」。（外卦坎

爲險，於內之外爲前，由內對外，故言，險在前。）

　　天上一片雲，它的涵意大於實質意義，因人感受程度而有心境差異，詩人看到雲，心裡想著，行雲流水的詩詞；農人看到雲，心中渴望，雨水灌溉農作物，各有需求、各有想法，誠而有信經營「心中物」，收穫就在其中。過往英雄們，看到天上雲，心中，又有何想法與渴望？

　　英雄們，善用天象玄機，創造形象，造就時勢，蘊釀能量成就希望化身，喚醒民眾意識以凝集心志，英雄就是這樣經營而來。欲成英雄，須有抱負、理想，「需，須也」。天空的雲，因能量充沛而能從天而降，成爲水英雄。不論是水的英雄或是人的英雄，都須經過險難的歷練過程，從中累積能量、蓄積能力，克服險境（克服興雲佈雨或逐鹿中原層層關卡），雖「險在前」，亦往矣。

　　英雄們在歷練磨難過程中，「剛健而不陷」健而不息充實能量，持之以恆銳之以進，完善時代需要之條件，滿足時勢之需求，以「窮則變，變則通」貫通理念，創新觀念，擺脫意識束縛之困境，走出理盲而不致窮途，「其義不困窮也」。

　　英雄深知英雄夢，光想，不行，還需要行動，勇於想，縝密規畫，光大理念、亨通理念，貞守心中願，「公平、

公正」原則（九五陽爻居陽位，上卦之中，得正位、得正中），遂成趨吉避凶之法，立足至高點(九五乃至尊之位)，高瞻遠慮環伺周遭，正確指引英雄們，在奮鬥過程中，得以「知行合一」，持中道以行，成就英雄夢的誕生，往而創建功績，造就人生價值，成就英雄夢的實現，「需，有孚，光亨，貞吉，位乎天位，以正中也。利涉大川，往有功也。」

（一）蓄勢以發的真髓

　　能力不足，知識匱乏，危機就在前方潛伏，「險在前也」。停下來，想一想，明局勢究竟，知因由脈絡，知不足以充實，做好風險控管，勝算機率自然增加。如仍有疑惑困頓，寧可等待，不急出手，避開風險，蓄勢以發的真髓，在於多做功課，充實以補不足，曙光出現之時，掌握機會，求得勝算。

　　事有專長、術有專攻，得以保身的方法，深入事物內涵，瞭解活動脈絡，誠而有信尊重趨勢，心生定見穩定意志，充沛知識、才能，靈活變通活化觀念，避開危機衝擊，脫離受困窘境，「其義不困窮矣」。

　　「需」是有條件的：「有孚」，亦即誠信以對「心中願、心中物或心中道」，能者為之；不能者等之，待其能為

之。知其不能以充實、知其錯以遷善，「正知、正見」活化觀念，改變作爲，光大理念、亨通理念，「光亨」，涉獵成功經驗，充沛知識之需，逐成大綱爲之趨勢，遵循法則以成事，吉，「貞吉」。

居「九五」者（位乎天位之至尊），客觀公正審視利弊，觀念指導行動前提下，「公平、公正」態度以處理事宜，「位乎天位，以正中也」；如此務實作法，利於實踐理想，建立功績，展現成效，「利涉大川，往有功也」。

總結：吸納知識充沛能量，誠信對待心中物，深思過往歷練，細嚼個中內涵，溫故知新以創新，「身心合一、知行合一」臻化境界，使其「剛健而不陷，其義不困窮矣」。日有所進，月有所長，溫故知新，發揚光大，止於越凡入聖，幾於天位，洞徹先機，正中核心，剛中以進，以此，建功立業必有收穫，「需，有孚，光亨，貞吉，位乎天位，以正中也。利涉大川，往有功也」。

第二章 | 大象辭

象曰：雲上于天，需。君子以飲食宴樂。

水天需（☲☰），「雲上于天，需」。雲上于天，「雲行雨施」須有一段蘊釀時間，能量尚未充沛，乾著急、無濟於事，只有等待，「需，須也」就是這個意思。

事，尚未成熟前，不宜大肆作為，介於「雨要下未下」的狀態或「事要做未做」狀態，「時機、能量」成熟、充沛與否？決定它的活動取向，同時也隱喻著「有所為」與「有所不為」的兩個層次的意涵。

天候變化無常（世事亦然），遭逢乾旱季節，看到「雲上于天」是多令人欣喜，「雨要下，未下」之際，能做的是等待雲量充沛。

「有所為」告訴世人，「乾旱」已至，讓身處其境的人，能夠體認節約用水的必要性，不但要光大理念，甚或享通理念，使其瞭解抗「旱」的重要性，守著抗「旱」觀念，徹底執行節約，才能趨吉避凶，度過「乾旱」侵襲，「需，有孚，光亨，貞吉，利涉大川」；「有所不為」部分，不宜

有浪費水資源的一切作為，那只會增加「乾旱」的嚴重性。

「乾旱」不能淪為口號，必然要有詳盡規畫流程，按部就班研擬配套措施。心存至誠面對心中物，明其「物有本末，事有終始，知所先後」完善運作程序，亦是大象辭所云：「雲上于天，需。君子以飲食宴樂」之精神意旨。

（一）笑看世界千姿百態

「宴樂」廣義意涵為交流互通，赴宴是人情與事故交流的好途徑。「宴會」有一定程序，人、事、時、地、物，必須內外如一、協調一致，根據特定目標，精確規畫，做到有條不紊，滿足與會的賓客，做到不失禮且不浪費的境地。

「飲食」是讓人儲存能量，「宴樂」則是實力展現，乃有所為而為，一切依照程序，妥善精準安排事物運行規律，律己以控制風險的必要配套。宴席控制要得宜，太多造成浪費，不足又對人失禮，必須靠當事者經驗、智慧，精心規畫細心安排，圓滿宴席進行而無有差池。

善解「飲食」之道者，用明亮的心觀看世間，內涵必然豐富，用溫暖的手有條不紊經營人生，人生必然璀璨，精準笑看世界千姿百態，人生必然豐碩。

　　善用「宴樂」之道者，憑藉豐富能力與知識，結合經驗、智慧面對未來前程，定能井然有序精準規畫，排除險境以開拓前景。隱喻「行有餘力而後學文」，亦是「需卦」精神之所在，自立自強而立人達人，精準解決人生險境於未然。

（二）「有形與無形」的飲食之道

　　「飲食」就是吃飯二字，民以食為天，能讓老百姓吃得飽，能讓員工吃得安心，就能得人心，成為稱職的領導者。睿知者深知愈是平凡事物蘊藏著愈不平凡的事理，更知成事要有本事，腹中要有內涵，運用所知所學，帷幄人生運籌事業，世界將是彩色又多采多姿的人生之旅。腹中內涵匱乏、又當如何？充實知識以填飽學問，才有足夠能力創造有利條件，滿足人生、事業圓滿達標。

　　「飲食」之道，不單生理需要飽滿，心理需求尚須滋潤，「思欲」則是補充空虛的精神糧食，完善「生理與心理」臻於均衡狀態，使其不致太過或不及。生理或心理的飲食，是延續生存必備存糧，「飽暖與思欲」則是促進人類進化，提升生活品質動能。沒有飲食之道，能量無由消化與儲存，但，不可太過，「飽暖思欲」可以，「飽暖思淫欲」就不行，「有形」生理需求，太過，健康會出問題；「無形」

理需求，太過，思維會異常，「過與不及」都不好。

「飽暖而思欲」，乃從有形飲食之道到無形飲食之道，從行有餘力而後行文，解決人類物質需求，而後追求精神層次，建構人文景觀與人生價值，透過「有形與無形」的飲食之道，塑造人文價值，創立規範以制約社會秩序，建構人文景觀與人生價值的延續，「需，君子以飲食宴樂」之精神意涵是也。

第**三**章｜**爻辭、小象辭**

☯ **第一爻**｜ **爻辭 初九：需于郊，
利用恆，無咎。**

　　水天需（☵☰），「初九」陽爻居陽位與「六四」正應
（「六四」為外卦，內卦之外，「需于郊」由是來），恐有
躁動之虞（與「六四」正應之故），「利用恆」告之，莫要急
於求成，事緩則圓，持之以恆充實「心中物、心中道等」所
需，有備無患而能無咎。

　　「郊」者，離中心遠也，城市之郊外偏遠地區；人事而
言，離心中目標，尚有距離，不是馬上可以達到距離。欲望
需求要有目標，漫無目的的需求，似沒有標靶的欲望，不知
中心位置難能射中靶心，雖近在眼前亦如遠在天邊。

　　欲成就欲望，須在心靈灑下期望種子，有了「中心」目
標，利用恆心經營，自有實現成真之時，雖然欲望與現實尚
有距離，但，它總是一個希望，讓人前進的力量。故而，欲
成就事物之成（理想、抱負或其他），須有一個目標，更需
要有一份等待的耐心，利用恆心蓄積知識、充實學問，用心
耕耘終是無錯，時機成熟，能量充沛，終有開花結果的一

天，「需于郊，利用恆，無咎」。

（一）成功的一分鐘

　　手上剩下沒多少工作，不如放鬆一下，明天再說。明天又到了，又像昨天一樣，這剩一點，那拖一下，每天留一點，點滴積累，久了，工作堆得滿滿，等著處理。說也奇怪，事情看似簡單，就是不順手，原來，事情拖久，不是忘了這個，就是丟了那個，要怪平時沒有規畫習慣，能拖就拖，才有今日後果。

　　需于郊，上層交辦事情尚有一段時差，等一下，再來處理吧！誰知，時光匆匆，一晃，就是數天、數月。等到想處理時，竟然找不到頭緒，離交差時間已近，看樣子，不得不趕，從黃昏趕到天明，這回，真累了。

　　一天就是二十四小時，上天絕不會給任何人多一分鐘，只有多別人一分鐘的努力，爭取多一分的儲備，成敗也許就在瞬間，轉變命運走勢。「需于郊」強調時間的可貴，多一分鐘努力就多一分蓄積，多一分能力就多一分成功，多人一分鐘的超越，就能提前完成任務。

　　成功者善於利用時間，深沉思考，完善規畫，隨機充

實，減少出錯機率，縮短消耗時效，當然「无咎」。千萬，不要以為，時間尚早，突如其來的狀況，因來不及反應，神來一筆的突如，讓人脫離成功行列，咎，不是咎而已，還有悔，後悔不已。成功者，來自耐性與恆心的堅持力量，讓人有多餘籌碼支持到最後一刻，成功了，得到喜悅成果，又何咎之有？「需于郊，利用恆，無咎。」

（二）我一定會成功

　　街頭，一群年青人，勇敢對著街上往來人群，不停吶喊：

　　「我一定會成功，我一定會成功。」稚嫩臉龐，充滿茫然自信，雖然肢體動作充滿自信，但內心活動卻是茫然的。

　　懷著滿腔熱情，豪情萬丈的青年，興緻勃勃想創造時代，衷心等待機會，一展抱負，曾幾何時，同樣情景，亦如往常重複播映，同個場所，出現不同的臉孔，原來的那批青年，不知身在何處？期盼，成功道路有他們的蹤跡。

　　成功之路，漫漫長長，不知成功旅途中，他們是否做好準備、定好抱負，雖然口號響徹雲霄，成功表達心聲，宣示雄心壯志，希望他們能夠雄糾糾氣昂昂，行之有恆，努力向

前行，有一天，相信，成功就會在他們面前出現。

　　青年們，別忘了，出發前，先買一張「抱負與目的」的入場券，不致漫無目的，雲遊四海，不見蹤跡，成功是經營來的，不能只喊口號，後面還有漫長路程。不要忘了，「我一定會成功」。想要成功，提前準備，利用恆心充實才能，耐心等待時機成熟，努力往目標，奮鬥，終有一天，如願以償，走完旅程，了無遺憾，「需于郊，利用恆，無咎」。

（三）一張入場券

　　某知名百貨業，為了提升業績，以物超所值推出促銷活動，優惠折扣刺激買氣。距離開放時間，尚有一段時間，百貨公司門口，早已來了一大群人，在那裡守候，由於人數眾多，不得不，採取領取號碼牌的方式，控管採購人數的出入。

　　採買時間一分一分的逼近，愈來愈多的人，湧進百貨公司的門口，排隊人數乍看之下，已達百來公尺之遠，真是驚人。烈陽高高掛，卻無礙底下排隊的人，守候等待，目的，為了購得優惠商品，「需于郊」；時間一到，百貨公司大門開了，拿到號碼牌者，愉悅進場採買，未取得號碼牌的人，只好，耐心等待，「利用恆」；時間一分一秒過去了，拿到

號碼牌者，進入採購，雖然辛苦，但，沒有白費，總算買到物超所值的貨品，「無咎」。

　　相信，每個人都有抱負，抱負必須有方向目標，像促銷活動取得號碼牌一樣，爲達成採買目的，必須往百貨公司方向，一步一步趨近，耐性等待領取號碼牌，實現採買欲望，雖然抱負僅是採買，因耐心、恆心而能無憾，達成目標，「需于郊，利用恆，無咎」。如若不然，一時，失去耐心恆心不足，中途放棄，抱負就成了空想。

（四）蓄積能量爲了蓄勢待發

　　社會職場猶如競技場，競技者必須充分準備，準備周全是爲了先立於不敗之地，取得入場資格，而後取得決賽資格，再接再厲求進步，獲得勝利的結果。

　　面對未來，尤如競技場的較勁，必須嚴陣以待，隨時充實，持之以恆，截其所長以補其短，精益求精求進步，穩中求進，突破陣地，開拓疆域，贏得勝出機會。

　　事業非一時可成，每當取得入場資格，記住，提前立定志向，從本業出發，找出商機，作好準備，「需于郊」；堅忍不拔，持之以恆接受考驗，「利用恆」；進德修業（各

行各業專業領域及操守等等），蓄積能量，蓄勢待發，做好應變配套措施，權宜變通成其事物，沒什麼不好，「无咎」。

第一爻 **小象辭　象曰：需于郊，不犯難行也。**
利用恆无咎，未失常也。

　　距離目標尚遠，利用時間規畫前置作業，謀定而後動，有條不紊按照即定程序，不出差錯運作，而能避開風險衝擊，「需于郊，不犯難行也。」

　　事實未定之前，利用恆心規畫推演，以守代攻充沛能力，以逸代勞為之演繹，不致亂了陣腳，失去平常處事水準，用最少代價，獲得最佳運作模式，創造績效，成就機會，「利用恆无咎，未失常也。」

　　短見之人，易被短利矇住，一個盤子大的東西，往眼前一放，看到的只有盤子一個，盤子後面長得什麼樣子，不知道，怎能不危險？背後風險無從知曉，不犯難行都難呀！

　　「需于郊」提示人們，眼光放遠，短利雖好，但，長期規畫不能無。眼光要放遠，路要走得長，事業才做得廣、做得久。當然，事業是長期性的，事緩則圓，謀定而後動，

利用恆心作好計畫，才不會出差錯，「利用恆无咎，未失常也」。

　　總結：凡事，「欲成未成」之際，眼光要放亮，心思要縝密，事前做好規畫，完善前置作業，臨事不致紊亂。事情發展之際，時機不成熟，不急求成，利用等待期間研商檢討對策，充實能力以應所需，「需于郊」；未雨綢繆完善應變措施，有備無患之下，遭逢問題碰到險境，不致慌了手腳，「不犯難行也」；事雖未至，持之以恆，修身養息，多一分充實，則少一分風險，避免過失，總是好的，「利用恆无咎」；不因險境尚遠，掉以輕心，「未失常也」。

☯ 第二爻│ 爻辭 九二：需于沙，
小有言，終吉。

　　水天需（☵☰），「九二」陽爻居陰位，不得位，陽剛主進，與「九五」敵應，有所顧慮未得全然信賴，然，居下卦之中，剛而能柔（陽爻居陰位，陽屬剛、陰屬柔）使其不過急進，故而有「需于沙」之言，「沙」者有「過濾」之作用，化混濁爲清澈功能。

　　天公不作美，晴朗天氣，居然下起雨來，原本乾燥的沙

灘，經過雨水洗禮已成水澤之地，雨過後，又是平坦如前。

有一群師生在此旅遊，雨停，老師從袋子取出容器，彎下腰，從沙灘底下，舀一杯混濁的水，往沙堆裡倒，不一會兒，一道清澈晶瑩的水，從沙堆縫隙中溢出。老師趁機教育學生，說道：

「同學們，請你們注意沙堆裡的現象，混濁的水經過沙的過濾，出來的是一道清澈晶瑩的水。因此，每一個人都有一顆心，一顆神奇過濾功能的赤子心，事物經過心靈思濾，出來的是一顆晶瑩剔透的心，讓人看清事物原貌、真相。」

有些事情，看似無用，卻有效，雖然，多了一道程序，過濾（或思濾），造成心理漣漪，發出小小微言，卻能讓人心靈清澈，清楚地看清事實，瞭解問題真相，不是很好嗎？「需于沙，小有言，終吉」。無論為何，當心情亂了或事物不明之時，冷靜沉澱仔細過濾，是最佳應對方法，亦是終止盲亂出錯的法門。

（一）公道自在人心

遭遇困境，不願面對問題，思維淤塞，容不得其他，最後，愈來愈萎縮，不進反退的逃避心理，造成更多枷鎖束

縛，令人游離不定也思濾不得，失落、失敗如影隨形，讓人忘了身在何處？失敗並不可恥，可悲的是躺在沙灘，一蹶不振，不願重新站立，失落感的頹喪，就算神仙來了，也難點化一、二。

　　人生總會碰上一些不如意，何不稍歇片刻，回想過往種種，發覺無常不是想像中的可怕，值得畏懼的，是內心的退縮與推諉。因此，想要擊退失敗陰影，記住，跌倒時，抓起一把經驗之沙，接受它、容納它，沉澱過濾，「需于沙」；銘記失敗經驗成因，去不平就公道，心如止水細思量，原來，「公道自在人心」（微言大意直指人心），雖有嘀咕言語，讓人明白所需，終究給人生帶來歷練助益，吉也，「小有言，終吉」。

　　成功者，善於利用「需于沙」：沉澱省思，消化不順殘渣，去蕪存菁納能存智。小小的思濾、小小的過濾，雖沉悶讓人偶發怨言，心生嘀咕，但，卻能提升心智蛻變成長智慧，打開迷思、疑團，心清自明，重啓機緣，展翅高飛，終能讓人生、事業，透過「需于沙」沉澱思濾，達到絕佳境界，「小有言，終吉」。

第二爻 小象辭　象曰：需于沙，衍在中也。
　　　　　　雖小有言，以吉終也。

　　「九二」居下卦之中，得以持「中」以致柔，調整想法、作爲趨吉發展，故而「衍在中」強調的是持「中」之道的作用與好處。

　　「衍」有向外漫延擴張趨勢，問題沒有解決，途中生變，勢不可免。希望人們，在問題發生時，沉靜過濾，（一）將問題控制在其中，防止問題的衍化擴張；（二）在萬變不離其中，剛以致柔，從中找出解決方法，「需于沙，衍在中也」。

（一）不要慌，不要拖。

　　出事情了，出事情了，怎麼辦？看到子弟走來走去，心裡忐忑不安，似乎是想不出解決辦法。長者叫他冷靜下來，再來想辦法。隨後，長者從外面走進屋裡，手裡還拿著東西，不發一語，從桌上取個杯子，倒一些水，隨後滲點東西。就在水倒進杯子瞬間，呈現白沫混濁液體，看的子弟莫名其妙犯了嘀咕，接著，長者將外面帶來的沙子往杯子裡倒，一段時間，杯子的水，慢慢由濁變清。長輩問他：「看到什麼？」子弟回答：「乾淨的水」，這就對了。

　　弄不清事情狀況，就像混濁液體一樣，等冷靜沉澱，思潮自然清明。記住，樹有根、水有源，凡事都有根源，萬變不離其中，問題就在根源處，冷靜沉澱，將問題控制在其中，從中找出解決之道，「需于沙，衍在中也」就是這個道理。

　　現在，可以將事情發生經過，說明一下嗎？就在說明過程中，發覺問題就在‧‧‧，似乎想到什麼？我知道怎麼處理，多謝您的賜教，「小有言，以吉終也」。長輩自言自語，剛才叫你不要急，希望你冷靜，可，現在急著解決問題，不阻擋你，因為你已經想到解決方法，就不要拖，這就對了。

　　遇到問題不要慌，將能見、能聞的問題，如水入於沙，沉澱整合，「需于沙」；萬變不離其中，反覆過濾，清澈思路，發覺問題根源，找出解決辦法「衍在中也」；為了大局，心裡不爽快，嘀咕幾句，又有何妨？事緩則圓，戒慎戒懼，面對問題、解決問題，趨吉發展以終結問題，「雖小有言，以吉終也」。

　　追求成功者，當明白一個道理，「沉澱與冷靜」是為了過濾，完善規畫，亦是成功者不可或缺的要件，它是掌控事物趨於中道的法門，「過濾」看似小事，但，卻是成就大事必備素養，使人清澈事理源由，從中適切規畫，達到事半功

倍，趨吉發展以終結事物之不善，「需于沙，衍在中也。雖小有言，以吉終也」。

🌀 第三爻｜ 爻辭 九三：需于泥，致寇至。

水天需（☲☰），「九三」陽爻居陽位，主剛主進，「需卦」有等待之意。之所以求進，因有所本（與上六正應）。凡事，應審慎思慮，以防不明，否則，中了強寇計策，墜入沼澤泥裡，來個「甕中捉鱉」就不好，「需于泥，致寇至」。

下雨了，一場好大的雨，混濁泥漿受不了雨水摧殘，滲出黃色泥水。原本，水是水，泥是泥，兩種不同物質，攪和在一起，產生微妙變化，分不清是水是泥，分不清我是誰、誰是我，真、假糾纏在一塊兒，「需于泥」；假我被物象迷惑，看不清事物、摸不著問題，真我不見了，衍生心魔，造成紊亂，判斷失序，源於能力不夠、知識不足之故。

能力不夠、知識不足造成主見難定，判斷能力在無所依情況下，失調，分不清你我、是非，以為物我一同，錯了，那是和稀泥的同化，只配做人家的馬前卒，只是人家手裡的

一顆棋子，內涵缺缺，到處充滿疑惑，非我能力所及，隨人起舞，很危險。

事雖不關己，不想招惹人，但不保證他人不會來叨擾，身為社會成員，無人可幸免。逢事心無定見，手忙腳亂不知所措，將問題弄得像泥巴水，窮攪和，問題源由在那裡？不知道；事情來自何方？看不清。

不知道、看不清的情況下衍生更多問題，和稀泥心態，導致不知名的敵人蜂湧而至，「需于泥，致寇至」。那可怎麼辦？先戰勝自己以克服心魔作祟，充實好內涵與修為吧！

（一）唯一的敵人，心魔。

事到臨頭，險在前面，怎麼辦？心中一把尺，決定它的走向。記住，環境不因人改變，人必須適應環境，調整心態改變思維，才是上策。

「需于泥」與「致寇至」是一體兩面的境遇。這裡有些觀念需要釐清，因看法不同而有分歧，衍生「先勝而後求戰」與「先戰而後求勝」的差異作為。

「先勝而後求戰」，乃智者善用，凡事，身在其中盡其

所能，從無常變化裡找出適應趨勢的路，事先演繹整體戰略，爲戰術應用，得其利弊爲進退之道，用最小代價取得最好效果；「先戰而後求勝」，先打了再說，以實際行動來求勝，雖不能說他不是智者，但，付出代價必然大。一個設身其中模擬作戰，觀念在前；一個親身經歷作戰，行動在前，同樣是處在「需于泥」狀況，結果大不同。

智者，未全然掌握事態情況下，絕不輕意作出宣戰態勢。無論戰況如何演變，先要戰勝自己，找出解決之道，戰勝心魔，超越當下，運籌帷幄盡在心中，做自己的主人而後求戰，雖有敵人到來，「致寇至」，亦不足畏懼。事事有本，處處有道，坦然面對以折服來者，使其不敢造次。世上，沒有永遠的敵人，唯一的敵人，就是自己的心魔。身居「九三」之位，「進與不進」一念之間權衡，利則進；不利則忍而不進。

第三爻　小象辭　象曰：需于泥，災在外也。
　　　　　　　　　自我致寇，敬愼不敗也。

「九三」與「上六」正應，意味著不可能置身事外或局外，同時，也意味著，人不可能不沾鍋，人類是群居族群，何能獨立社會之外，張開眼的每一個時刻，食衣住行種種民生問題，就在眼前等待解決。生活本來就是問題的串聯，挑

戰問題的當下，伴隨著不知名風險，莫掉以輕心，擺出一付事不關己的心態，那才是致災種因，問題來了，讓人措手不及。

　　每個困境生成都有它的原因，置身困境當中，戒慎恐懼面對它，畢竟，世界有太多坎坷路，暗藏玄機，無數凶險環伺其中，怎能不謹慎？雖非杞人憂天，心存憂患意識，總是好了。凡事的需要、需求，不能過頭，否則，超出能力之外，災，就在外面等待。摒除過頭欲望，不致陷入外界物欲誘惑，也不致掉進泥澤之中，惹來災害，「需于泥，災在外也。」

　　事與願違，衍生無數問題，困擾心思。問題不可怕，就怕心志不定，不願面對問題，導致日愈嚴重，大到難以逃避，都是駝鳥心態惹的禍，怪得了誰，「自我致寇」，心志亂了，沒有主軸，失去中心思想，造成群魔亂舞，不知所措，那可怎麼辦？

　　暫且冷靜，審慎面對問題，設身處境，換位思考，深入問題核心，敬重形態發展，處變不驚，審思問題，過濾得失，緊守分際，積極找到解決之道，控制局勢於未然，而能立於不敗之地，「敬慎不敗也」。問題解決了，發覺困境並非困境，在於處理問題的態度。凡事，善待問題，用果敢決心解決問題，反是取得經驗催化劑，亦是獲得智慧之泉源，

更是登上人生、事業另一高峰的助力。

（一）管好自己

　　有個人，有事沒事就找人聊天泡茶。某一天，興奮跑到友人那裡，說道：

　　「我有個訊息要告訴你‧‧‧。」友人打斷話語，說道：

　　「你想說的話，是真的嗎？那麼，請問，這則消息與你何干？」

　　「哦，我是從媒體看來的。只是好奇而已。」友人看著他，說道：

　　「消息來源既沒有證實，亦非關己，那就別說！否則，只會徒生困擾，算了吧！」

　　無事生非，是自己最大的敵人。天下無本事，庸人自擾之，不懂得真心對待自己，道聽塗說，誰是誰非，搞不清楚，得罪一堆人，還不知道，災禍種子就在外面，怎麼栽的都不知道？

告訴世人，做人做事不要徒生是非，節外生枝，引來不必要禍害之源，敬人不如敬己，管好自己、充實自己，將籌碼控在手中，謹慎留意事態發展，適時掌握變化，才能立於不敗之地，「需于泥，災在外也。自我致寇，敬慎不敗也」。

☯ 第四爻　｜　爻辭 六四：需于血，出自穴。

水天需（☵☰），「六四」陰爻居陰位，得位，但，上下皆「陽爻」，進退之間要格外小心，除在其位正其「立場」，尚須易位思考對方立場，知己知彼好做事。

為何需要流血流汗，用之於何處？追溯源頭，原來流血流汗是對內心「真誠效忠」。血液是提供身體活動需要的養分。無論喜、怒、哀、樂，它從不曾離開身軀半刻，它默默跟隨著你我，你我是它的主人。它是最忠誠、瞭解你我的知己，只要你我有所需要，輕輕一聲呼喚，沒有二話，只有一句：「朋友，我支持你」，從來沒有一絲怨言不滿，如此好友知音，何忍傷害它、折磨它。

對它最好的回報，照顧好志向，孕育好能力，讓它有喘

息機會。不論是非、善惡、成敗、得失,它從不發出怒吼,千萬,別辜負它。它永遠支持你我,別讓它累著了,聆聽它的聲音,體會它能承受的能耐。

它永遠等待你我呼喚,只要多一分努力,多一分孕育,事成,它就少一分負擔,少一分喘息。有多少能力做多少事,別無謂消耗至友心血,照顧好自己就是照顧它,「需于血,出自穴。」。它是誰,你的心,你的血,心血永遠在你的身邊。

此爻辭深層內涵,凡事,必須身入其境,瞭解事物內涵,捫心自問,「能與不能、該與不該」,絕不含糊,「成與不成」都要付出心血,又如「水天需」天象,「雨下或不下」都要充沛能量,但,不要忘了主軸,「初衷」原意,「興雲」是為「佈雨」,「下雨」是它的「初衷」也是原意「目的」。

(一) 不忘初衷

朋友貴在相知,兩人為了這個問題,展開一場唇槍舌戰,得到一個結論,「拋頭顱灑熱血」。剛巧,旁邊的另一友人,聽完論點,拍拍手,叫聲「好」,隨後,奉上一句話,好像還少了一項,總覺得不是很完美。

　　話說，兩路人馬，相約談判，個個表現出慷慨激昂，「拋頭顱灑熱血，兩肋插刀」聽起來是義正言辭，頗有壯士一去不復返的悲壯，可是，一到現場，對方用手，向天一揮，個個紛紛下馬，轉向對方，並握手致敬，說道：

　　「真對不起，不知是你，小弟無知，請大哥多多包涵。」

　　話頭的「需于血」做到了，「拋頭顱灑熱血」少了一項元素，不就是口號罷了，之間，問題出在那裡，你們可知道？兩位眼瞪口呆的楞在那裡，答不出來。

　　來來，我告訴你們，易經有一句話，「需于血」還要加一句「出自穴」，意思是說，光說「拋頭顱灑熱血」是不夠的，還須「出自真心」，那麼，「需于血，出自穴」就有意思。朋友貴在相知，相知貴在真心相交，才能中途不變節，「不忘初衷」待人如己，記住好友的一切。

第四爻　小象辭　象曰：需于血，順以聽也。

　　「六四」陰爻居陰位，得位，但，上下皆「陽爻」，上有高層，下有部屬，除正其立場，更重要，莫過於圓融上、

下，上通下達使其不致違逆，最好的方式，莫過於付出心血，聆聽「上、下」所要表達之意願、心聲，從中「中和」可行方案，就不損各方「立場或利益」，達成協議，「需于血，順以聽也。」

常聽人家問起，你需要什麼？智者，不這麼想，他會這樣告訴自己，「我需要什麼？」智者深知，唯有出自內心所需，才是最需要的東西。凡事牽連自身利害，不需吩咐，稍有風吹草動，當事者，跑得比任何人還要快，深恐遺落訊息，造成遺憾。

常聽到一些訓示告誡的啓示錄，說什麼要符合環境需求，才有前途，講了老半天，深知其意者，凡幾？到底吻合環境需求的定義是什麼？結果，問了好多人，大部分都是雙手一揮，說道：「請不要問我，我也不知道。」

易經啓示錄可厲害了，「需于血」一句話，解決眾人的疑問，只要牽連對方的需要、需求，將利弊得失拴在他的身上，你就會像是他身體的血液，保證，做什麼事情，都能得心應手，聽不到一句「不」的聲音，因爲你是他的養分。

共需最好的方法，是聆聽當事人的心聲，吻合當事人的想法，成他的鐵血好友，瞭解他的想法，知道他的需要與需求，不就可以好好規畫了嗎？

　　不論事業、人生，欲達完美境界，最好的方法，多聽、多聞、多學，除瞭解自己更要瞭解對方，知其彼此需要、需求，從中建立共需結構，各取所需，各有獲益，那麼，付出的心血，不會白流，「需于血，順以聽也」。

（一）無處不是朋友，無處不是知己。

　　閒來無事話家常，什麼事情都好談，眞要談到利害關係的正事，什麼名目都出來了。不好意思，等一下，我有事先走一步，有空再跟你談。心想，已經到「需于血」的地步，還有比這更重要的嗎？有，當然有，人家芝麻綠豆的小事，也比得上你大事的重要，若懂得個中道理，相信，一點都不稀奇？

　　欲引人關注，務必端出與己與對方有關議題，誘發他的好奇心，而有聆聽意願，「需于血，順以聽」。凡事，牽連到好奇心，再小的事，利用好奇心理，誘發他人關注，非難也。因爲每人都關心己之一切，讓其身涉其中，「順以聽」，而願與之利害共融，達到事半功倍以智用事的目的。

　　「需于血」廣義的涵意，告之，周遭的人、事、物、地，到處都有提供人類需求的養分，就看「有心或無心」，若以相關議題爲主軸，引發好奇心的關切，再以拋頭顱灑熱

血的真誠對待，「無處不是朋友，無處不是知己」，何須遠方異地求見大人。千萬，不要忽略用真誠的心，善意引發好奇心的出竅，後輸出熱誠的心血，對待周遭知己好友，他們將會是你的粉絲，事業好伙伴，人生好伴侶。

智慧成長必須自求，如同血液供養身體，無人可代，別人無能強迫，也無人可帶走，這是每人的特質，除非自身，心血乾枯，江郎才盡，否則，你的「血」、你的「心」，永遠是最忠實的朋友。

身為領導階層，不妨，打開「心」胸聆聽自己，也傾聽外界心聲，心與外界和光同塵，發覺己之所需，正是外界所需，那麼，周遭都會是教導你的老師，天聽自我民聽，增廣見聞，助你脫離困境的幫手，「順以聽」。

☯ 第五爻 ｜ 爻辭 九五：需于酒食，貞吉。

水天需（☵☰），「九五」陽爻居陽位，得至尊之正位，又居上卦之中，「水天需」以天象而言，能量已達最充沛狀態；「水天需」及於人之道，到達這個位置，人生、事業或權力、地位已達高峰狀態，是吉、是凶在於「貞」，何

以言之？

　　此爻之「貞」，乃公平、公正的原則。「水天需」以天象而言，雲量已達最充沛狀態，下起雨來，必然豐沛，但，如果失去均勻佈雨，偏向某一處，試想會如何？有的雨量過多，有的雨量不足，分配不均，過多，泛濫成災；不足，難解乾渴。「水天需」及於人之道，到達這個位置，掌握最大權力與最多資源，但，如果失去「公平、公正」原則，偏向某些人士或團體，過多，資源進入私囊之中，造成資源浪費；不足，難解燃眉之急。

　　綜而論之，民心思變，「水能載舟，亦能覆舟」，皆因失去「公平、公正」原則之故。過與不及，皆因「九五」在其位，能否以「公平、公正」原則作合理配置與應用，決定「九五」在其位食俸祿主其政，得其「吉」之主因，當政領導者居其位，不得不慎呀！「需于酒食，貞吉」引喻一個重要意涵，民心向背，「得民者昌，失民者亡」歷史斑斑，以資為鑑。

第五爻 小象辭 象曰：酒食貞吉，以中正也。

　　「九五」陽爻居陽位，得至尊之正位，又居上卦之中，故曰「以中正也」。「九五」必須堅持「公平、公正」原

則，才能得吉，「酒食貞吉，以中正也。」

身居「九五」尊位的當政者，若不能秉持「公平、公正」原則，釋放權力、分配資源，過多造成濫權、資源浪費，過少造成虛位、資源不足，皆不「吉」。唯「公平、公正」原則，得以適中將「需求目標與經營理念」合而為一，達到良善。

酒食喻人生，過與不及，皆不吉，皆因失去「公平、公正」原則，而有暴飲暴食或節食不足之存在，不但有礙生理健康，也有礙心理健全。酒食乃充實身體需求，維持生理機能基本養分，讓生命足以持續，以「公平、公正」原則，使其生理與心理均衡發展，不致「太過或不及」，趨吉活動以避凶，「酒食貞吉，以中正也」。

☯ 第六爻｜ 爻辭 上六：入于穴，有不速之客三人來，敬之終吉。

水天需（☵☰），「上六」陰爻居陰位，得其位，乃統籌整卦或整件事情的主要人物。事物已發展到最末端，亦即「興雲」發展到最後已至「佈雨」關鍵時刻。「入于穴」就

如深入敵營（或深入問題的核心）直搗黃龍；「有不速之客三人來」猶如各路人馬紛紛前來，共襄盛舉（來自各個處所雲層紛紛前來聚集）；「敬之終吉」每一個來者都是前來助陣、幫忙，一律以誠敬心態予以尊重，最終的目的，與之共赴前程，利涉大川，往有功也，吉也（最後，達成雲行雨施的目的，終是吉；最後，兵眾隨行往而瓦解敵營勢力，建立豐功偉業，慶吉也。）

（一）圓融處世之道

「十年寒窗無人問，一舉成名天下知」，這是古時，無論是貴士名流或者清寒子弟，用以光輝門楣的出路，事過境遷的現在，仍然適用。成名不外乎「有財勢與有才能」，財勢求而不得，才能求之，何以求？

「十年寒窗無人知，一舉成名天下知」。名聲一來，即便身處深山窮林，還是門庭若市，讓人趨之若鶩，尤以「才能」名聲，再遠路途，不見有人嫌路途顛跛、山路難行，見到名士能人，還倍感榮幸銘感五內！社會現象就是如此，見怪不怪。

名士能人，聲名遠播之際，心裡要有準備，源源不絕客人來打擾，免不了。客人來到家門口，入于穴，家居之處，

客氣說道：

「你來了，不好意思，不好意思，寒舍若有招待不周，請多多包涵。」主人如此客氣，客人也頻頻回禮說道：

「叨擾，叨擾。」你來我往，打開生疏，「入于穴，有不速之客三人來，敬之終吉」。

欲創偉績大業者，不論來者是何方神聖，只要登門造訪，皆應以禮相待予以敬重。「出自穴與入于穴」一體兩面，出入間存在利害榮辱，牽動著人、事、物間的微妙關係。之所以有「入于穴」是看得起（或有所需），而願前來造訪（或共襄盛舉），對方「出自穴」也因聲聞賢達之能而來，總應回禮以示敬意，不是嗎？

從「出自穴」真心造訪到「入于穴」求得新知，各有所需各有所獲，各自說道：「倍感榮幸，謝謝您的賜教」。

「出自穴與入于穴」，如有偏頗，皆是不智，只是真心「出自穴」而不「入于穴」，難能盡性、盡知；只「入于穴」無有「出自穴」真心，虛情假意，難能推心置腹。故而「出自穴與入于穴」，合則兩利，有所得；分則兩無利，無所得。既然人已經進門入戶，不管來者是善或是不善（真心或不真心），抱持來者是客，予以尊重，見面三分情，笑面

迎人，有利無害，終吉（不得罪人，不樹立敵人），謂「入于穴，有不速之客三人來，敬之終吉」。不枉「十年寒窗無人問，一舉成名天下知」進德修業之成果，圓融處世之道。

第六爻　小象辭　象曰：不速之客來，敬之終吉，雖不當位，未大失也。

「上六」陰爻居陰位，得其位，乃統籌事物的主角，除「上六」之外，餘皆居「從」者之位，故而有「雖不當位」之辭，指的就是「主從」之間的關係。

天下乃天下人的天下，領導者只是統領天下的代表，天下人從領導者號令，服膺其領導，因此領導者對天下人之來（請求或諫言獻策），秉持敬人如己的態度予以尊重，「敬人者，人恆敬之」終是吉，雖然「天下人」未有領導者的位置，卻也未失監督領導者的權力（得民者昌，失民者亡，民心導向決定領導者的政權穩固與否？是也），「不速之客來，敬之終吉，雖不當位，未大失也。」

身為當政領導者，不得不思、不得不慎！「民之所欲，常在我心」不是口號，而是實質關心民生所需，敬重人民所要解決的民生問題，才是穩固政權最佳選項，所謂「得政於民，還治於民」。

（一）三人行必有我師

　　人，總有獨力難成之時，必須利用外圍力量，結合各方人馬，出錢、出力、出點子予以贊助。身居領導地位者，想獲得幫助，須有籌碼（氣度與風範），才有能力吸引伙伴，與之襄助，共創功業（內卦之三陽爻皆是贊助之人）。

　　「不速之客來」不會無條件不請自來，除了利益外，就是當事者才能，爲之驚艷，得以服衆，願心悅誠服賜教資助，來者皆是客的態度，誠摯接納客之來，終究是好的，「不速之客來，敬之終吉」。雖然他們未就「領導」者的地位，多些贊助者幫助、幫忙，只有助益好處，何樂而不爲？對贊助者而言，雖不是領導者，受到重視予以敬重，對當政領導者，並未失去「有容乃大」的襟懷氣度；對贊助者，乃是背後支持領導者的主人，未失去大國風範子民涵養，一不居子民地位（指上六）；一不居領導者地位（乾，下卦之三陽爻），然，相輔相成，相得益彰，各「入于穴」就其位，職其所司，「雖不當位，未大失也」。

　　類推演繹，學海無涯，三人行必有我師，能教我者，誠摯恭敬接受教誨，虛心接受指教。父母親向孩子，請教新知；老師向學生，請教後學想法，已是稀鬆平常。偶爾，脫去堅持，放下「父母、老師」面具，不恥下問，向孩子、學生們請教，未失「父母、老師」身份，也不會有什麼損失，

不是嗎？三人行必有我師。謙卑接受賜教，虛心接受新知，未失求知者的身分，亦師亦友教學相長，「雖不當位，未大失也」。

第陸卦

天水訟 乾上坎下

第陸卦
天水訟　乾上坎下

第一章｜卦辭 彖辭

第一節　卦辭

> 訟，有孚窒，惕中吉， 終凶。利見大人，不利涉大川。

「有孚」指誠信，「訟」之形成，乃誠信價值受到質疑，窒礙難行樣貌，「訟，有孚窒。」「訟」：上卦，乾，爲天，性向上；下卦，坎，爲水、爲險，性向下。

天水訟（☰☵）內卦坎，坎爲水，坎爲心。水無常形，常隨地形、地貌改變而改變；心無常思，常隨時、空形勢改變而改變。坎（爲水或心）常隨乾（爲天象之形貌或環境時勢）變化而改變。「訟」之所以爲「訟」，內在之「坎」未能隨外在之「乾」變化做合宜改變，「上下不一，內外不

合」有了淤塞，造成彼此有理說不通，窒礙難行。

「常理」非不變，隨著時、空活動，時代需求，而有所調整或改變，故而「常理」亦無有定形，隨著世間人的喜好、習慣、年齡、知識等等因素的「質量」變化，各有各自的界定標準（亦即自由心證的判定）。總之，「常理」相互違逆促使「矛盾、對立」僵持，「誠信」受損互不信任，「道不通、理不行」，道理難以和合，以致處處受阻，窒礙難行，「有孚窒」，而有「訟」因由之成。

「常理」之所以受到質疑，源於「不平、不服」，心之不平起因由，不平之心又來自內，內心不被尊重與信服，「誠信受損，名譽受創」，訴訟之因，由是生。原則上，「訟卦」並不贊成訴訟成案，在訴訟案件形成之前，傾向「以和爲貴」居中斡旋，將大事化小事，小事化無事，消弭爭端，避免纏鬥，才是趨吉避凶的好辦法，「惕中吉。」訴訟成案，勞命傷財又耗時間，還是息事寧人爲佳。

興訟之前，保持警惕，以和爲貴息事寧人，儘速中止爭議，達成協議爲宜，「惕中吉」。否則，一旦興訟事，落得法庭奔波，勞力傷財，終非好事，「終凶」。若是雙方仍然在氣頭上，忿忿不平，不願忍讓，不妨，請德高望重人士，居中調解，「利見大人」。

終歸一句，興訟到底，傷了和氣又破壞感情，總是不好。官司纏身，法院來，法院去，吃不安心、坐不安穩，什麼事都不能做，何苦，「不利涉大川」。

（一）我退一步，你讓一步，都是贏家。

　　一個在上永遠如天（上卦乾，為天），一個在下永遠似水（下卦坎，為水），互不相干、互不相讓的兩極端。天翻地覆，天高也有低下時，地低也有高起時，世上只有相對道理，沒有絕對的道理，世上也沒有永遠「對立與矛盾」。對立與矛盾，終將隨著時空轉動歸於無形，隨著心態轉變消弭無跡，我退一步你讓一步「中和」其道，化解「對立與矛盾」，「以和為貴」相忍為謀，終將回歸太極，重新起步。

　　你有你的看法，我有我的想法，誰都不讓誰，你高我低、我上你下，內外不一、意見相左，難以溝通，產生矛盾，互不信任，誠信瑕疵，事有窒礙，難有進展，「有孚，窒」。

　　氣頭上，難免衝動，何不，冷靜下來？天下沒有不能解決的事情，只有放不下的堅持，我退一步你讓一步，就在互讓當中，騰出轉機空間，相忍為謀，積極溝通進行協調，改善關係良性解決，不是很好嗎？你我都不用爭，大家都是贏

家，「惕中吉。」

（二）止於初，不要何必當初。

　　世間處處充滿一股氣息：「矛盾」，它非不存在，一旦關係到己身利益之時，則會格外的注意，且留意它的發展，這種心態是可以理解。發覺「矛盾」之初，心有所繫之際，應該警惕在心，確切地告訴自己：

　　「事情已經近在眼前，雖暫無事、無礙，絕不掉以輕心。」

　　很多人感覺似乎有事即將發生，果不其然，發生了。事後，總覺好玄，似乎有股力量主導，神奇也好，預知能力也罷，無論名稱爲何？那是「感知」造成的現象，事實上，「矛盾」早在其中盤旋。因此「矛盾」非全然不好，有時候，從中獲得神奇力量，感覺還是不錯，不是嗎？

　　「矛盾」既出，直覺上，告之，問題將來，不得不謹愼，將問題「止於初」，居中協調，隨時溝通，將「矛盾」減到最低，防止問題惡化，總是好，「惕中吉」。如若不然，「你不讓，我也不退」，硬勢而爲，凌駕在他人之上，讓人面臨難堪，「沒事也會變成有事」，造成各持一端，令

其「水火不容」，最後，不得不，告上法院，接受所謂「公平」裁判的訴願，結果又如何？不論輸贏，雙方情感已受到傷害，難以彌補往日情懷，「終凶」，事後再想，「何必當初」？

人，終究有「偶然不合」時，如能，請儘速達成和解事宜；如不能，敦請賢達人士，居中溝通、協議，消除歧見，達成和解，「利見大人」；事未解決之前，不宜有過大作為，如「火上加油」一概停止，以免影響後續發展，「不利涉大川」。

如果，不能做到「相忍為謀」，「利見」什麼「大人」也都沒用，那要如何？任其鬥爭，最後，好話說盡，協調難解，雙方「誰也不讓」，只好等著上法院，到時，才來「愁上愁」，何苦來哉！自找苦受，又何必當初。

矛盾既出，記住，「止於初，不要何必當初」，儘速溝通、協調，趕快解決問題，止訟於未然，少了紛爭，事業、人生才會是彩色的。

（三）代溝的形成與化解

代溝沒有年紀限制，源於觀念分歧。長輩訓示後輩，也

應跟隨世代改變。某些老式說法不見得適用，硬勢而為，反而增加反彈情緒，不是很好。

　　長輩動不動就說道：「你應該怎樣‧‧‧，又應該怎樣‧‧‧。」；後輩回應說道「我怎樣的‧‧‧，我又怎樣的‧‧‧。」，怎樣來、怎樣去，說了老半天，沒有結果，彼此心中鬱悶窒礙，信任受到打擊，「有孚，窒」。

　　時下後輩，非不聽勸，是說教者，必須考量時空背景之差異性。世上，沒有永遠的老師，偶爾，聽聽後輩陳述，也許能從話中瞭解子弟的想法、作法。

　　曾幾何時，長者亦是年輕來，若能站在對方立場，體會心境、想法，異中求同，溝通想法拉近思維差距，反能由大化小以致於無。倚老賣老，非上善，必須改變作法、想法，以溝通代替爭論，代溝變小消弭於無，吉，「惕中吉」。

　　倚老賣老，數落不停，不問是非黑白，觀念難有交集，唇槍舌戰不止，關係緊繃，是善意，也會變得沒有意義，忠言成刺耳危言，敵對關係高升，若不能降低摩擦，受害者終究是雙方，「終凶」。

　　關係僵化，難以化解，不妨，透過公道的第三者居中協

調，緩和情緒，「利見大人」。未獲改善之前，避免針鋒相對、言語相激，否則，於事無補反有害，「不利涉大川」。不如暫時休兵，留下商榷空間，若不，愈鬧愈大，到達難以收拾，雙方都難過，痛入心扉，就不好。

第二節　彖辭

彖曰： 訟，上剛下險。險而健，訟。訟，有孚窒，惕中吉，剛來而得中也。終凶，訟不可成也。利見大人，尚中正也。不利涉大川，入于淵也。

「訟」，天水訟（☰☵），上卦乾，剛健，乾為天，高高在上，卦意而言：有眼高於頂的意味；下卦坎，險陷，坎為水，水往低流：有曲居於人下的意味。人往高處爬，水往低處流，由下往上逆水而行，「內在理念」與「外在環境」不如所願，產生「矛盾」後的衝突，是促成「訟」的來源，必須透過溝通化解抗衡。

上卦（外卦）乾：剛健，意味著外在世界強而有力的活動不息；下卦（內卦）坎：險，柔弱，意味著內心世界本來善變，尤以逢險遭阻而易生變，「上剛下險」。

　　「內之柔弱」遇險，促使心生猶疑，舉棋不定而善變，若「外之強剛」以進，因內外之「柔弱、剛強」屬性不同，促使「內外不一」產生矛盾，意見或意思表達的相左，發生摩擦，造成針鋒相對，而有爭訟情事，「險而健，訟」。

　　訟，基本上為「事與願違」心生不平、不服居多，「想法與作法」兩相違逆，加上「內外、上下」溝通不良、不善，造成各持其理，互不相讓，言行不一，「誠信」受疑，「矛盾」加劇，造成窒礙難行，「訟，有孚窒」，如何是好？

　　「以退為進」調整思緒，「以協調代替對抗」，柔性訴求訴之於理，建立「共融、共通」概念、觀念，權宜變通，盡其所能達成可行性或一致性的認同規範。按照「規範」演繹彼此間共同遵守、遵循之法源，化解分歧與矛盾，「惕中吉，剛來而得中也」。（「剛來而得中」強調的是積極性協調，拉近彼此間差異。）

　　「訟」之所以成「訟」，大部分肇因於「心裡不平」，導致「心態不服」，而有爭的衍生，「訟」的形成。如能在過程中，戒惕在心，排除心裡障礙，去除心裡不服，消化矛盾，還是吉的，「惕中吉」以防止事態的惡化。

　　「剛來而得中也」，「剛來」強調的是律己，約束自

我，心平氣和，與人溝通、協調，柔性訴求，訴之於理，化解分歧，消弭惡鬥氣息，以致無訟之成，非不能，這也是爲什麼吉的原因，「相忍爲謀」；如果，不願放手，又當如何？只好帶著不平之氣，爭鋒相對，惡鬥下去，終究有訟事之生，非福呀！

「訟」本無好壞區別，「唯心一念」之所繫，識時務者，盡速停訟、停止爭鬥，避免消耗心力、財力，此乃智者所爲。訟之所以成，誰也不願放手，爲上者「強勢而爲」，爲下者「涉險以對」，結果呢？涉險者碰上強勢者，硬碰硬，爭鋒相對，一發不可收拾，只好法院見，「訟，上剛下險。險而健，訟」。

與人爭執或意見衝突，退一步想想，以妥協代替對抗，相忍爲謀，積極從溝通、協調中，防止爭端擴張惡化，一旦得到外來（對方）善意回應，儘速採取息訟措施，雙方都有下台階，面子裡子都保住，好的收場，兩相無事，吉也，「訟，有孚窒，惕中吉，剛來而得中也。」如執意爭執到底，沒完沒了，最後，法庭上見，勢不可免，「終凶」，還是那句老話，能不爭訟就不爭訟，傷財又傷身，划不來，訴訟費很貴的，「訟不可成也」。

（一）**自性修持，平伏心魔。**

綜觀社會形態，就像一個大熔爐。這個大熔爐，有它的規律，隨著「時空」變化而變化、隨「時空」幻滅而幻滅！即使耗盡心力，極力追求知識、見解，也難以追趕上幻化速度，因而造成心裡矛盾及內心痛苦！

內心想法追不上進化腳步，又勾不著時尚潮流，形勢不行又非做不可態勢之下，險境衍生險象滋長，不平之音，從內心發出來，有了矛盾、痛苦的掙扎，而有訟端起源，「訟，上剛下險。險而健，訟」。

矛盾、痛苦，因心生不平，淹沒理性，造成思維淤積阻塞，促使想法偏執難容其他，又難能溝通、協調，事情懸而未決，致使窒礙難行，「訟，有孚窒」。又該如何以對？

擊退、打敗矛盾、痛苦，最好的方法，正視「矛盾、痛苦」原因，時刻警惕檢視矛盾、痛苦問題之所在，放下固執己見，剛健果敢態度，以持中之道敲其兩端（或兩者），透過妥協、溝通達成雙方可接受之認知、協議，以解決「矛盾、痛苦」，終結它！惕除雙方心中疑慮、疑惑，不致再受矛盾、痛苦束縛，「惕中吉，剛來而得中也」。

現實與想法有差異，若不適時、適度轉變某些既成觀

念，原地打轉無有進展，矛盾、痛苦不斷衍化，加劇矛盾、衝突，吃虧的是自己，最終致己於凶，「終凶」；唯有勇於面對問題，轉化思維改變觀念，平復不平音聲，消弭內外爭端，使訟難入，以致不成，「訟不可成也」，才是理性的作爲、想法。

當遭遇爭端時，需找第三者居中調解，切莫向無知者請教，猶如不懂得醫學常識的人，卻要幫重大病患開刀動手術一樣危險。因此己之不能，又當如何？

求之於人，求教有知識、見解者，且能「中性、理性」正確解讀矛盾、痛苦的人，找對的人，才能不偏離路線，切中問題核心，正確地處理問題，「利見大人，尚中正也」。

解決之道未出爐之前，不宜有大的動作，否則，只會加深矛盾、痛苦指數，掉入深淵，難以脫身，那才糟糕，「不利涉大川，入于淵也」。

凡有，事與願違的起伏（心靈），不妨，平心靜氣，從過往歷程找出矛盾、痛苦之根源。根源出處，歸結不外乎（一）情感的堅持，如是「堅持」，唯有放下心中結，才有另一海闊天空的出現，解鈴還須繫鈴人就是如此；（二）思想的想不透，如是「想不透」，則是內涵不足之故（充實內涵之需爲要），亦或不願面對問題所致（不願勇於擔當責任

之故）。

不知其所然之「堅持」，無從瞭解前途在那裡？理想是什麼？人生意義何在？人生價值是什麼？種種想法都在「想不透」範疇裡打轉，矛盾加劇、痛苦加深，唯有自性修持，平伏心魔亂舞，才能克服心中不足之不平之「訟」。

（二）好處全拿

一對老夫妻，拿魚網到河裡撈魚，眼看天黑，可，就是撈不到魚，正值失望之際，忽然有動靜，竟然，撈到一條大魚，夫妻倆，興高采烈收網，快樂回家。

回到家，之後，夫妻倆，爲了燒烤還是煮湯，起爭執，一個要燒烤，一個要煮湯，你來我往，誰也不讓誰。新鮮的魚，不知是聽了暈倒，還是嚇了氣絕，爭到最後，誰也別想吃，魚腥味陣陣發出來，從天黑吵到天亮，天亮又吵到天黑，炎熱的天氣，他們不渴，魚，早渴死。

如果，各退一步，你一半、我一半，你吃你的燒烤，我吃我的魚湯，不是很好嗎？「訟，有孚窒，惕中吉，剛來而得中也」。兩個人都想「好處全拿」，事已至此，大家都不用吃，「終凶」，早知不爭，不就沒事，「訟不可成也」。

　　人難免有脾氣，偶爾忍一口氣就沒事，可是，有些人忍不住，火氣上升，心火虛，發起脾氣不饒人，「訟，上剛下險」。心虛不打緊，發脾氣又愛面子，窮追猛打，讓人家下不了台，最後，免議、免談，「訟，有孚窒」，只好往法院送，告定了，「險而健，訟」。

　　若事情還沒發生，多想想應該如何緩煩？若是已經發生爭執，不妨，退一步，有事好商量，一旦獲得善意回應，積極從中妥協、協商（剛來而得中之意），將大事化小、小事化無，才是上策，吉也，「訟，有孚窒，惕中吉，剛來而得中也」；假使，真鬧得不可開交，再想一想，口袋銀票（錢、鈔票），一次次的減少，不但傷了自己，且又傷人，很不划算，也得不到好處，「終凶」。事情過了就算，銀票（錢、鈔票）留著自個兒用，不是很好嗎？這就是「訟不可成也」，無訟的好處。

第二章｜**大象辭**

象曰：天與水違行，訟。君子以作事謀始。

　　天水訟（☰☵），外卦是「乾」，爲天在上，性屬剛，銳於向上，高高在上；內卦是「坎」，爲險在下，性屬柔，屈於向下，低低在下。「上下」關係不協調、「內外」意見不合，屬性特性不同，又誰都不讓誰，互相抵觸，產生矛盾，「你走你的陽關道，我過我的獨木橋」，未經合意又未協調，硬是湊合，易形成有理說不清，「各行其道，各行其事」，「天與水違行」。無事則已，有矛盾起紛爭，則成「訟」之源由。

　　「訟」，非全然不好，利用「訟」過程，形成公共言論，達成共識、理念，爲「制度、決策」之依循，不失爲穩定力量，反給社會帶來正面效應。向上提升或向下沉淪，運用之妙存乎一心，在於「君子以作事謀始」，初衷良善與否？

（一）道不同不相爲謀

　　「合久必分，分久必合」，世上，沒有永遠契合的道

理。人之道，微妙複雜，凡始之初，「道之不同、道之有異」原本正常。「道不同」，非「不相為謀」，而要「相忍為謀」，「異中求同」求得互容公約數，從中慎選「規範」以行「公道」。

　　一個沒有交集組合體，如何應對、處理？始之初，與其謀合，謀之不成，合之不易，盡快作了斷。到了「道不同不相為謀」，難以打破彼此「固見」，「此時不分何時分」，該分就分吧！免得徒增困擾。如若不能「快刀斬亂麻」，否則，不但耗費心力，傷神又傷財，破壞初衷美意，甚至拖垮整個結構。因此，無論政治、經濟或團體、個人，不可小覷它的後座力。剪不斷理還亂，將會波及更大局面。

　　知己難尋，非不能，而要經營，不妨從屬性著手（天之性向上，水之性向下，上、下屬性差異過大，容易起爭執）。屬性相近，協調溝通，比較得心應手，亦是公司招募人才，需有經驗之故之因。屬性類似性向相近，經過職前教育，拉近觀念差距，縮短溝通時效，提升生產良率，無形之中，也降低人事成本。（很多公司，在招募人員之時，有一個「性向」測驗，其來有由。）因此，作事初始，慎選對象，「以和為貴」從中協議達成合意，減少紛爭，以降低矛盾。

（二）尊重、真誠、包容化解紛爭

創業是很多人的夢想，應具備基本條件，又是什麼？相信，多數人的答案，資金；錢，不完全正確，重要的是內心「堅持與態度」，首重敬己，敬己之能，慎重行事，紛爭之起，敬己不足之故，事事不夠嚴謹，引發了後遺症。

雖無輕視之意，不曉虛心待人，不知容人之能，與輕視殊屬同源，何有分別？因反身修己不足，尊重不夠，引發無謂爭執，結局如何？格局小也，不但影響前途遠瞻，也減弱向上動力，更是扯後腿的沉淪推手。

向上提升與向下沉淪，乃人類心靈深處潛在的兩種力量，互相違背又屬同源，取決「修爲與態度」。人的互動，除了舉止表徵，言語表達是傳遞訊息與情感最直接的利器。眞摯言語，讓人感受尊重與重視，無形中，減少對立與矛盾。

言語滲入眞誠，人際關係愈行愈寬，提攜力道愈強，向上提升力量愈茁壯。眞誠尊重，降低矛盾，達成共識，機會變大，「尊重、眞誠、包容」不失爲化解紛爭，去除不平的溝通橋樑，言談舉止看似輕淡，卻是留住印象的一面鏡子。

　　「尊重、誠懇、包容」又須配合學問、知識與才能，讓人如魚得水，游刃周遭而無阻。胸無點墨，腦袋空泛，人家想助一臂之力，亦無從下手。事前溝通，若無「學問、知識」，談不出想法、做法，枉費先前一番努力。因此創業，建立人際關係外，知識平台不能少，是肯定自我，亦尊重對方的最佳禮儀。

　　事之初，謀定爲始，後動爲隨，面面俱到，做到圓融而不滑頭，「尊重、眞誠與包容」，化解分歧，終止紛爭，止訟之生，「知識、學問與才能」運籌帷幄，實績見世，立信於人，奠定「誠信」基礎，以成就大事，「君子以作事謀始」。

第三章｜爻辭、小象辭

☯ 第一爻｜爻辭 初六：不永所事，小有言，終吉。

　　天水訟（☰☵），「初六」陰爻居陽位，不得位（地位低，在其位不得他人信服之謂），柔弱之才又不得位，公信力難以服眾，當要謹慎處理「訟」之初源。

　　事情發生之初，有了分歧或爭執，當下溝通和解，避免事態擴大爲佳。「拖」非上策，給人感覺，誠意缺乏，惹得當事人無名火上身，事情就不好辦。本來，小事一椿，因作風不乾脆，非要拖一下，這一等，那一說，無有誠意，暴發衝突加劇，接著‧‧‧‧，訟事就是這樣發生。

　　爻辭所言「不永所事」告誡人們，凡事，不要留個尾巴，儘快將事情告一段落，「快刀斬亂麻」是最好辦法。無論委曲與否？當下止住惡言行止，讓對方發個牢騷，又不損失什麼？對方氣出了，火氣變小，隨道：「算了，沒事。」兩造合議「和解」，事情了結，不是很好嗎？「不永所事，小有言，終吉」。

（一）冤家宜解不宜結

兩人在巷道碰撞，倒在地上，隨後，雙雙拉起腳踏車，互相慰問，兩人就損傷部分達成協議，本無事。

損傷小者要付給損傷大的受害者，應該是解決了。誰知，看熱鬧的觀眾，覺得不過癮，從旁慫恿，當事人意志不定，講好該付的金額，卻來個東扣西減，惹得對方覺得肇事者，沒有誠意解決問題，本來是小事一樁，卻鬧上警察局後到法院，愈弄愈大，壞了事，勞命、傷財得不償失。

遇到事情發生之初，切莫拖延，儘快將問題解決，防止事態擴大，才是解決問題的方法，化干戈為玉帛，平息風波，「不永所事，小有言，終吉」。

冤家宜解不宜結，就是希望歹戲不要拖棚，愈快解決愈好，免得變數多多，到最後怎麼收場都不知道，才糟糕。

（二）逆轉勝

創業過程，發現瑕疵或問題，儘速解決問題，防止事態擴大。燎原火苗，雖小，亦能釀成災禍，儘快熄滅火苗，不讓燎原。最怕的是，眼睜睜，看著火苗竄起，不當回事，等

烽火連天，損失慘重，後悔晚矣！雖然，帶來少許損失，事過境遷，回頭再看，唯保留實力者，才有籌碼，讓人東山再起。

　　爭執之初，最易協商，也易平息，以退爲進，聆聽、瞭解對方，知其意圖以求謀合，不讓事態惡化延展，「不永所事」；雖言，剛開始，有些爭執，一旦，和解達成合議，事情告一段落，沒有後遺症，終究是完美結局，「小有言，終吉」。

　　「留得青山在，不怕沒柴燒」，錯誤或矛盾一時，寧可錯殺意志一次，也要保存實力，「不永所事」，不論他人如何調侃，「小有言」，錯就是錯，絕不抱持僥倖，機會永遠留給有多餘籌碼的人，最後終能逆轉勝，「終吉」。

（三）眞誠待人化解歧見

　　有位業務高手，是同業中的翹楚。每次，新案子推出，他都能掌握客戶動向與特質。同事們都好奇地問他，說道：

　　「你是怎樣做到的？」他回答：

　　「有人憑著一股幹勁；有人得到時機運氣，還有人用他

的聰明伶俐。我認為我靠的是真誠，因為別人信任我。」同事接著又問：

「如果客戶覺得你不值得信賴，你要怎麼做呢？」

「嗯！隨著客戶群的不同，適度變換策略。堅持己見不是最佳方式，必須從中找出可接受的交集點。最重要是意見分歧時，以誠待人化解歧見，以和為貴，取得客戶信任。」

「業務人員，易犯置入行銷的毛病，爭鋒相對，則是業務的最大致命傷，為業務而業務，只顧介紹自家優點，聽不到客戶聲音，非好的經營方式。所以，好的業務人員，除勤於做功課，瞭解客戶需求，更要細心聆聽，知己所短予以改進，建立客戶對己的信任‧‧‧。」同事們，似有斬獲，連聲說道：「謝謝，謝謝。」

客戶有不滿與陳述，不與之爭辯，真誠領受客戶心聲，瞭解其意化解歧見，雖是小小聆聽，多個主顧，終究有代價，吉，「不永所事，小有言，終吉」。

第一爻 **小象辭　象曰：不永所事，訟不可長也。**
　　　　　　　　　　　　雖小有言，其辯明也。

　　「初九」以柔弱之才，勢單力薄，不宜與人爭訟，如果打起官司，也是勞命傷財，甚或禍難臨頭，還是以和為貴，息事寧人，愈早停息爭訟愈好，「不永所事，訟不可長也」。

　　「不永所事」不代表認輸，適時通變，爭取有利條件，將不利惡因，就此打住，心雖有不悅，偶發微言，能夠清楚明白陳述立場，明辯是非還是不錯的，「雖小有言，其辯明也」。

　　欲終結初之爭端，除自我約束，更需要檢討、反省，明白問題之所在（面對理性之人，訴之於理，事情好磋商；面對不理性或有所圖謀之人，訴之於理及訴之利害兼備較為妥當），便於採取有效措施，防止爭執持續擴大。

　　化解矛盾，在於內心初始之衷，暫且擱置主觀意識，敞開心胸傾聽對方心聲，客觀面對問題，從中提出解決之道，止訟之源於初。總之，事態爭執之初，採取「息事寧人，以和為貴」，「不與人爭輸贏，而與人化紛爭」，儘早言明儘早了，為之上策。

（一）妥協代替對抗

妥協不代表放棄，但也不代表獲得，而是放棄與獲得的平衡點。你有你的理、我有我的理，沒有交集狀況下，強制對方接受要求，引發爭執，雙方誰也得不到好處，何不罷手，放下身段，少說幾句話。

一個放棄得理不饒人的氣焰，一個秉持得饒人處且饒人的度量，緩和僵化場面，各自陳述，表達立場，在沒有共識的共識下，取得妥協，不讓事情惡化，到此為止，「不永所事，訟不可長也」。

各自表述，各取所需，裡子面子都保住，將損害降到最低，終究是吉的。妥協代替對抗，使「訟不可成」，「雖小有言」化解爭訟的可能性，「其辯明」將損害由大化小於無，智者之所以為智者，明白其中的道理。

第二爻 │ 爻辭 九二：不克訟，歸而逋，其邑人三百戶，無眚。

天水訟（☰☵），「九二」陽爻處於陰位，不得其位，又和在上位「九五」為敵應，爭訟(亦如地方與中央、基層

與上司等等），形勢比人強，身處基層，不可能贏的狀況下，明哲保身，退一步，免於受到災禍。

「訟」乃「內、外」難能協調，志難伸所產生的不平或矛盾，自知之明者，知其不可爲則不爲，故而不與爭，「不克訟」。形勢比人強，不與之爭，回歸原點，保留實力，「歸而逋」；避免問題波及其他，防止不必要傷害、損失，「其邑人三百戶，無眚」（災眚：災難、災害）。

世上，沒有永遠贏家，也沒有永遠輸家。識時務者，知其可爲而爲之，展豪氣現雄心；知其不可爲，能屈能伸吞四海。時不予我，不與針鋒相對，退而求其次，固本根源爲首要，「不克訟，歸而逋」；雖然暫無所獲，卻可避免無謂損失、傷害，「其邑人三百戶，無眚」。逆來順受是爲了保留實力，換得重新出發之契機，以求得志向得以伸張之機會。

凡有與上對抗，應以大局爲重，認清事實順應時勢，一時委曲，忍一下吧！忍一時之氣，是爲了尋覓契機，屈以求伸是爲了打贏勝戰。千萬，不可逆勢而爲，否則，力量耗竭氣數耗盡，受到衝擊愈大，傷害也愈大。

（一）忍一時海闊天空

「不克訟」，訟充滿許多不確定變數，非己所能克服，能做的，以忍爲念克制自己，不與之交鋒。怕的是，看得透，忍不過，爲了意氣之爭（九二與九五剛對剛，意見不合，敵應。九五得正得位，有所依；九二得中不得位，無所恃），強之以進，付出慘痛代價，後悔就晚矣！

形勢比人強，莫逞意氣，以和爲貴，事緩則圓，「面子、輸贏」暫時擱一旁，抑止意識高漲，克服好勝心，不與之交鋒，「不克訟」。退一步非膽怯，放棄眼前不代表失敗，爲了圓滿目的，以退爲進，保留實力，將來，才有力量解決問題，暫時，不與之針鋒，保留實力，非錯。

故而形勢比人強之際，忍不過也得忍，要求他人，難，不如改變自己。「留得青山在，不怕沒柴燒」，忍一時，保得有用身，該退則退，不致牽連其他，讓矛盾、衝突止於前，保存實力，等待良機。

「不克訟」深層意義，不能戰勝形勢，能做的不是檢討別人而是自己，因缺憾或不足而未能克服，宛如「天與水違行」，逆水行舟，吃力不討好，事事窒礙難行。逢此，要撤，不但要撤，且要撤得遠遠，回到本位，留下東山再起的本錢，免於受到波及，又傷及無辜，「歸而逋，其邑人三百

戶，無眚」。

（二）最可怕的敵人是自己

　　一對年輕夫妻，雕刻藝品維生，白天販售藝品，晚上趕工雕刻，因此，每天晚上，雕刻節奏聲，不時地從屋裡傳出來。

　　鄰居是個大富人家，天天聽到擾人清夢音聲，心裡犯嘀咕，不知怎麼辦才好？閉門想了好些天，好，就這樣辦。鄰居覺得這對夫妻勤奮敦厚，乾脆貸一筆款項，讓他們開店面，從事販售生意，不就結了，免得天天聽到雕刻聲響。

　　夫妻倆接受他的好意，結束雕刻藝品製作，轉換另一條跑道，忙著生意販售、批發，晚上忙著補貨、算帳。之後，只聞，屋裡算帳、補貨聲響，再也聽不到有節奏的雕刻聲。

　　夫妻倆，戰戰兢兢做生意，面對不同客戶，弄得心情緊張，既害怕生意不好，又害怕貨品出錯，更擔心虧本受損，畢竟，不是本業專長。門面雖然好看，做販售、批發生意和藝品小買賣，根本是兩碼事，過些日子，夫妻倆不願過，擔心又受怕的時日，下了決心，結束店面營業，不玩了，「不克訟」。

如數把錢還給好意的鄰居，重拾往日情懷，回歸本業，「歸而逋，其邑人三百戶」。每逢晚上，屋裡又傳出雕刻聲響，回復往昔，無憂無慮的日子，「無眚」。

第二爻 小象辭 象曰：不克訟，歸逋竄也。 自下訟上，患至掇也。

「竄」是匿藏，「掇」是自取的意思。爭訟非好事，既知無法克服爭端，打道回府，遠離爭訟風波，保留實力以利東山再起，「不克訟，歸逋竄也」。

下卦坎為穴，「九二」隱藏在穴中，既知無法克服眼前局勢，當求自我反省、約束，避免錯誤重演，再次受到類似侵襲。如果，在下位的「九二」執意銳進，與在上位的「九五」爭訟，「上剛下險」之訟，形勢比人強的形勢，就似老虎在前方（九五），以餓虎撲羊態勢，等著獵物（九二），當事者，自不量力執意銳進，羊入虎口，惹禍上身，災難自取。

自知不敵，難以克敵制勝，能做的「不克訟」，不與之爭鋒，打包行裝回到老巢，「道不行則隱」。識時務者為俊傑，明哲保身，保留實力為上策。（又如事情看似合法，其

中卻有很多不合情、不合理之處，明知對方知法玩法，卻無可奈何於它，暫且回到原點，不與之爭鋒。「不克訟，歸逋竄也」意涵如是。）

　　「天與水違行」，天在上，水在下，水，想力爭上游，逆水行舟，與之抗衡，「自下訟上」。「天」在上（屬性向上），「水」在下（屬性往下），兩者背道而行，上下沒有交集或不交流，誠信受質疑，「九二」依理難服「九五」，促成窒礙難行，矛盾和衝突難解，硬勢而爲，勢必衍生無窮禍患，「自下訟上，患至掇也」。

☯ 第三爻 ｜ 爻辭 六三：食舊德，
　　　　　　　　　貞，厲，終吉。
　　　　　　　　　或從王事，無成。

　　天水訟（☰☵），「六三」陰爻居陽位，不得位，此爻之「不得位」在其位不得預設立場。「六三」爲司法單位法制人員，與「上九」正應，「上九」者爲國家法律或法規。

　　司法單位法制人員，上要捍衛國家法律尊嚴，下要審理訴訟案件，食國家俸祿忠國家之事，「食舊德」；嚴謹操守，「貞」；審理案件，戒愼恐懼以查案，「厲」；明察

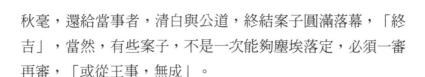

秋毫，還給當事者，清白與公道，終結案子圓滿落幕，「終吉」，當然，有些案子，不是一次能夠塵埃落定，必須一審再審，「或從王事，無成」。

「六三」在陰位，位在兩剛之間，形勢險峻。上有上司給的工作壓力，下又有部屬不滿情緒，夾在上、下進退維谷，怎麼處理才好？安分守己做好本分，堅守崗位，戒慎戒懼，面對上、下兩方，守住「無訟」為最高指導原則以善終。

(一)無名英雄

「六三」在陰位，位在內卦之「九二」與外卦之「九四」兩剛之間，「六三」勢必承受來自「九二」與「九四」的壓力，故而「食舊德」在其位，務必沿著固有體制精神，貞守節操食俸祿，戒慎恐懼解決其事，得以善終，吉，「食舊德，貞，厲，終吉。」

不論，時代變化，環境變遷，都難以撼動他的意志及行事風格，不因「人」改變態度，不因「事」改變作風、德行與人格特質，不因壓力，改變志向，為「食舊德」廣義詮釋。

「食舊德」者，不因某些因素，扭曲風骨和德性，也不

因換了位置就換了腦袋，他們瞭解，環境改變是一時，可，人的本性，是一輩子的價值。不論任何時刻，都不能失去本性。人之所以被尊重，因本性造就德行，成就人生價值，一旦失去自我本質，是不會受人尊重的。

「食舊德」者，深知本性不改，妖魔難入；本性若改，神仙難求，固本根源，守住本性，堅守良知，安守本分事，不與上爭，爭也爭不過；不與下求，求也求不來，「爭不過、求不來」只問無愧天地，管他是上還是下，戒慎恐懼，堅守本分，不爭不求以求全，兵來將擋，水來土掩，依法行政，聽命行事，上之奈我何？以身作則，下之怨我何？

「無欲則剛」守分際，看似波濤洶湧，卻是浪平無風波，盡其職守，圓融處理事物，終能成吉，「貞，厲，終吉」。奉命行事，抱持成功不必在我，縱有波折千層浪，終能使波濤歸於平靜又無風，雖似無成（一事成了又一事來），卻是有成的無名英雄，「或從王事，無成」。

登山隊為了挑戰不知名山岳，必須敦請有經驗的領航指導員。領航指導員，雖不是團隊主角，卻是主導登山的靈魂人物。他盡其本分，堅守安全為最高指導原則，戒慎恐懼，保持警戒，注意隊員安全，終究是吉的，「食舊德，貞，厲，終吉」。快達目的時，領航指導員有一個獨特現象，從最前線的第一位，自動退居於後，讓所有登山人員，完成登

山之旅，這位幕後英雄，將所有功績給了登山隊員，「或從王事，無成。」

「六三」居陰柔之位，不是無力與人爭，而是不想與人爭，堅守「不為人先」原則（如故事中的領航指導員），戒慎戒懼處理事宜，抱持成功不必在我的精神，有功不居的氣度，事情得以圓滿解決、落幕。

「六三」之所以「食舊德」，固守本分，在其職責不踰越職權，做好分內事，亦如「司法」人員，遵循法律精神，維護「國家法律或法規」尊嚴，是中流砥柱的智者，亦是無名英雄，多了他們的存在，社會就多了祥和，少了紛爭。

第三爻　小象辭　象曰：食舊德，從上吉也。

「六三」陰爻居陽位，不得位，此爻之「不得位」意指在其位不得涉及非職權內的事物。訟卦言之「六三」為司法單位的法制人員，與「上九」正應，「上九」者為國家法律或法規，法制人員，居其位審理案件，必須根據國家頒定法律條文為依據，法律至上為最高指導原則，公平正義審判案件，「食舊德，從上吉也」。

不論時勢如何演變，人，不能逃避責任，應在各自位置

上，安守本分，扮演應有角色，就像司法人員無從逃避案
子，必須面對不同案件的挑戰，一切依法行政，求得最好
結局。

（一）好樣的官員

　　視名位、權力如浮雲，但，爲了眾人福祉，不得不居其
位。賢者、有識之士，爲了國家、社會，寧受眾人檢視或不
諒解，原本，大可掛冠而去，但，卻沒有，到底爲何？他們
不全爲了名利與私慾，因他們在其位，堅守國家貞操：法律
尊嚴，監督上層，使其依法行政，發揮實質影響力，及於普
羅大眾，保障眾人利益。

　　好樣的官員，不論是改朝換代或更替主子，永遠站在崗
位上，上承高層、下達民眾，發揮影響力，雖「食舊德」不
以爲憾，「貞」守節操爲民服務，戒愼恐懼，盡其本分，完
善處理事物，無有缺憾，「厲」，始終以民爲重，趨吉發
展，福澤民生，「終吉」。

　　「食舊德」不改爲民服務本色，承上啓下傳達德政，以
德服人，獲取民心，「從上吉也」。不論功勞有多大，不以
爲意，對眾人福祉有利益的事，功在誰，非最要。重要的
是，民眾因他們的在位，發揮最大效用，影響力及於上層，

促使在上領導階層，事事依法行政，做出最好政策、決策，讓民眾受到惠澤，才是他們所關心的，這種好樣的官員，值得讚許。

🔮 第四爻│爻辭 九四：不克訟，復即命，渝安貞，吉。

天水訟（☰☵），「九四」陽爻居陰位，不得位，意即在其位，不得就非事實部份，予以訴訟、訴願。訴訟、訴願講究事實，已經定案的訴訟案件，想要翻案，須以事實為基礎，依理為據，提出新事證，才能重新審理。否則，一切力爭抗衡於事無補。因此，若無新事證的舉證，無法對已定案的訴訟案做抗辯，也不能辯，「不克訟」；若執意上訴，還是不能改變既成事實，意即保留原案裁定或判決。

欲獲重審機會，須回歸事實基本面，提出新事證的舉證，就事實真相為據，重新擬定偵察策略，改變搜證方向，佐證事實瑕疵，突破不合常理種種疑點，才能符合重審要件，「復即命」；根據新事證，讓案情真相大白，得到合理判決，轉危為安，化凶為吉，「渝安貞，吉」。

不能改變別人的想法和作法時，必須嚴以律己，自求多

福加以舉證，提出令人信服的事實、事證，符合現今需求，才能轉變情勢，扭轉(案情)趨勢。

（一）創造雙贏

「九二」的不克訟與「九四」的不克訟，意涵有何不同？「九二」的不克訟是不與訟，自我反省、約束；「九四」的不克訟則近於君，古代君王意向決策不容挑戰，是原則是法律，字同，意不同。

「九四」面臨內外夾擊的情境，回到時空背景的那個時候，君王制度的臣子，上承君王下對屬下、百姓，爲了黎民百姓天下蒼生，向君王獻策建言，而一切獻策建言是由下向上呈報，對下不能辜負黎民百姓寄託，對上要忠誠負責，下達上聽是爲臣子應盡本分，專制的君王制度下，稍有不愼，處理不當獲罪受害屢見不鮮，違逆君王之意，可不是一件開玩笑的事情，不爲君王所採納或接受是不可以硬來的，不是不想爭而是不能爭，「不克訟」。若執意抗衡，項上人頭就要注意了。同樣的情事，發生在現在，公司決策由最高領導者制定擬定，雖然有些不妥之處，一些高階管理者，想去改變它，但，權衡本身無此能力，還是得乖乖就範，不然，後果，輕則受到關切，重則另謀他途、出路。

不能訟的狀況下，又不想辜負黎民百姓天下蒼生付託，只能循理與上層做好溝通工作，直到上層願意接受，磋商出彼此可以接受的共識理念，「復即命」；上層作成決策，向下傳達，臣子必須服從君命，執行命令，只是在決策未定前的修改過程，內心情緒必有起伏，一旦定案，依照修定決策，擬定法理行事，轉憂為安，「渝安貞」。下不負眾人託付，上承君王之意，創造雙贏的局面，「吉也」。

第四爻　小象辭　象曰：復即命，渝安貞，不失也。

「復即命」，「九四」陽爻居陰位，不得位，意即在其位，不得就非事實部份，予以翻案，必須以事實為基礎，依理為據，提出新事證（或與主體有關的新方案），才能復案，獲得重新審理機會（訴訟言之，重新更審機會。）引伸出來的意涵是，凡事都有餘留空間轉圜的必要，便於溝通、協調或辯明的機會。

凡事留餘地，給人有多餘緩衝地帶予以溝通，藉此建立互動管道，達成共識基礎。透過聆聽、溝通提出新事證（新概念或新創意等，但不能脫離原主體精神或體制，不致產生失去焦點，模糊問題。）重新檢視議題，包容取代紛爭，解決矛盾遺留的棘手問題，從中謀求交集，化解爭端，雖不滿

意，卻可接受的共識結構，「復即命」；共識結構爲基礎，各有進退依據，化解爭訟疑點，安心運作，「渝安貞」；不損利益(不失去焦點)的前提下，自無過失可言，「不失也」。

凡事以「尊重、包容」，透過溝通、協調，重新檢視議題，達成可接受的公約數，你的部分有我的東西，我的部分有你的東西，互惠互利，以尊重代替對抗，化干戈爲玉帛，反而爲往後鋪陳一條成功的康莊大道。

（一）轉危爲安

江山易改本性難移，自然界或人事各有各自的運行規律，有些規律是不容許更改或改變，就像日月更替，明來暗去等等，不須爭論亦毋須探討，爭了，還是不能改變既成事實，「不克訟」。同樣，內心深處也有不爲人知的運行規律，亦是不容挑戰，一旦，挑起戰端，沒完沒了，不見眞章不罷休。千萬記住，不要挑起人的痛處，內心深層刺痛的那一面，看到的不會是一個人的反撲力量，發動的可能是傾巢之力，放手一博的殊死戰鬥，那才可怕，受傷的獅子反撲力量是很勇猛的。

不論個人、企業或事情的主體，有些不能觸碰的議題，

必須避而遠之，古代違逆君王聖意，後果是很嚴重的。

　　「復即命」法律尊嚴或人性尊嚴不容挑戰，小則觸法，大則引發戰爭。因此，針對命題的協調溝通，務必避開敏感議題，就能及、能為的範圍盡力運作，觸類旁通達到可接受內涵為共識基礎，在共識基礎之下，進行談判協調（或重新審案）事宜，各取所需，將利弊得失逐一探討，平息疑慮，轉弊為利、轉危為安，不失原則與主體精神為前提（不模糊焦點，明確針對主題或案情等），重新檢視（或審察）還原真相、事理，完成任務、使命，「復即命，渝安貞，不失也」。

☯ 第五爻｜爻辭 九五：訟元吉。

　　天水訟（☰☵），「九五」陽爻居陽位，居至尊位置，得正位，又在上卦之中，又得中，故而「九五」之治訟者，指今之法官大人，必須秉持「公正、公平」原則以治訟。

　　不論新的案件或是舊的案例，避免先入為主的觀念，造成誤判。尤其是舊案例，重複審理過程，難免留存某些印象，忽略最新事證審查。因此，治訟者，必須細心查核每一個細節，不致遺漏重要新事證，讓所有審理過程，在公平正

義原則下，得到該有的審判，畫下完美結局。

　　做一個仲裁者不難，做好的仲裁者就不容易，除耐心聆聽雙方陳述，更須具備廣闊胸襟，做到公平、公正的比例原則，客觀理性在自由心證之下，將事情處理到圓滿，令雙方雖不滿意卻可接受。不論是訴訟或調解，化訟為無事是最好的，因此，「無訟」是訟卦的最高指導原則和精神，也是最吉結果。

　　優秀仲裁者，審理事物或訟事案件的過程中，務必秉持「公正、公平」原則，不帶任何潛意識（亦即歸零，元或太極），客觀理性審理新的案件，「公正、公平」自由心證，兼顧「情、理、法」為之裁決，做一個值得眾人信賴的執法人員，將法統尊嚴維護到最吉境界，「訟元吉」。

第五爻　小象辭　象曰：訟元吉，以中正也。

　　訟所以吉，治訟過程必須回歸事物本源：「元」，沒有對錯，是非預判心理，排除主客潛在意識歸於一（回歸一個真相、一個真理、一件事物等的原有本質、本性）。聆聽「告與被告」所陳述的一切，「公正無私」聽訟、斷訟，不帶情緒、情感滲入。「不力、不爭、不為先」事實為憑、證據為依，圓滿治訟，化干戈為玉帛、化暴戾為祥和，使雙方

信服。

「九五」居至尊位置，是治訟法官，「公平、公正」審
判程序，予以裁決案件，彰顯公理，伸張正義，壞人無所遁
形，好人不致蒙冤，完美裁判訴訟。

事出有因，查明眞相，還原眞相，「治訟」者須站在至
高點（法律至上，人人平等），公正客觀看待案情，公平探
究過程的來龍去脈，聽訟、斷訟，綜合、歸納一切之利弊得
失，作爲「自由心證」審判要件，「公平正義」原則作出
「合理、合情、合法」裁決，讓宵小無從鑽法律漏洞輕易脫
罪，讓好人不致蒙冤受害，「訟元吉，以中正也。」

☯ 第六爻｜爻辭 上九：或錫之鞶帶，終朝三褫之。

「錫」賜也。「鞶帶」是古時依官位、身分，頒賜的腰
帶。「褫」是褫奪、剝奪的意思。「象傳」說：以爭訟得到
賞賜的官名、利祿、服飾與腰帶，亦不足敬。

天水訟（☰☵），「上九」陽剛已達極點，過於剛強，

逞強爭訟，爲了達到目的，不該訟而訟或強之以訟，用不當手段巧取豪奪，雖能得逞一時，卻難於持久，權傾一時，也有落寞時。

爲功名利祿，利用職權營私牟利，逞強鬥狠奪取利益，利益雖然落袋，燙手山芋已然在身，亦如「或錫之鞶帶」。事情過頭，反撲力量必然形成，不給人留生路，別人也會斷絕他的後路，不是不報，而是時機未到，一旦，反撲時機成熟，相信，別人也絕不手軟，一波三折的浪潮，讓他難以翻身，「終朝三褫之」。

（一）該收手時且收手

執業不久的年輕律師，有一次在高等法院，爲一宗案件擔任辯護。審判過程中，一位法官問他說：

「根據民事訴訟法規定，其限期不是只···？」這位年輕的律師，發覺有異，條文根本沒有這一條，隨即回應法官道：

「庭上，你有沒有看錯，民事訴訟法沒有這條文！」話一說完，法庭隨即掀起譁然。法官好尷尬，臉色沉了下來，法庭氣氛變得詭譎沉悶，整個氣息僵在那裡，讓人有喘不過

氣的感覺。事後，年輕律師說道：

「民事訴訟法的確沒有這法條，只是不應該當庭指正，雖然我的陳述，依法有據，卻不能彌補我的失態，致使我的辯解過程，對他而言，已經失去說服力。如今看來，我當時所犯的毛病，太不知輕重，當庭出了法官的糗，讓法官當了別人的笑柄。」

原本勝訴的案子，搞砸了，世上有很多理是說不清的，不論理多強，總有些變數，這也是為什麼，莫要以理奪人太盛之由，有理也會變成無理。所以，不要以為勝卷在握，訴訟的理，除了法條根據，自由心證的判定，也有可能扭轉局勢，還是終訟為佳，無訟最好，免得翻來覆去的有形條文，在心證變化裡出了岔，一審、二審，樂了一下，結果呢？三審出了包，應驗「或錫之鞶帶，終朝三褫之」的格言，三振出局。該收手時且收手，留個餘地好作人。

第六爻 小象辭 象曰：以訟受服，亦不足敬也。

爭訟非好事，既非善事，逞強爭訟，贏了，又如何？多個敵人，隨時受窺視、咀咒，得功名利祿於一時，「以訟受服」；浪得虛名、得到利益，卻得不到他人敬重，「亦不足敬也」，勝之亦吝，贏之可恥，反得不償失。雖然爭訟，暫

時贏了，不代表勝利，好訟鬥狠贏得一時，潛伏在身邊的危機，隨時會反撲。

　　人生在世，關係到己的東西，由不得外人侵犯，尤以「觀念與理念」，更容不得外人否定，一旦受到質疑，自會挺身爲「觀念、理念」爭辯。與人爭辯，莫要忽略非理性力量，爭辯之前，多想想，否則，爭辯變成爭訟，事情就大了。

　　世上明理的人不在少數，不關己氛圍之下是如此，一旦，關係到自身利害，意識馬上就武裝起來，免不了有不同看法、見解，而有先入爲主觀念，重要的是懂得尊重，不要無地放矢，沒有十足把握足以說服對方之事理、道理，容易反目撕破臉，再好的朋友，因再而三直指痛處，定然起而反抗。過往情誼，因自尊受創，表面看似若無其事，內心已然不若前之敬重，「以訟受服，亦不足敬也」。

（一）雖贏亦輸

　　無論什麼事情，莫用盛氣凌人口吻，說道：

　　「我告訴你，我可是有後台，我跟你保證要是不遵照‧‧‧，絕對讓你有好戲看。」這種口氣給人的感覺，就

像在說：

「我比你強，我脅嚇你，你敢怎樣？那就走著瞧。」這種強勢口氣，無異是向對方示威，有意激怒對方情緒。如果對方被震住，屈服，不要太得意，口服心不服，是不可能、也不會受到對方敬重，「以訟受服，亦不足敬也」。等到有一天，勢弱，反噬力量必然大。因此，與人爭訟，別盛氣凌人，以和為貴，息訟為原則，含蓄技巧爭取轉圜餘地，才是上策。

息訟，乃最佳方式，讓對方感受息事寧人的誠意，對方即使有不是也會隱忍，降低矛盾，以達息訟目的。因此在治理訟事之時，心中告訴自己：

「儘可能使自己比別人多瞭解事情脈絡，別讓對方有機會見縫插針，製造爭端。」乍聽之下，似乎有理，道行應該很高。但，大智若愚者，在旁說道：

「天下本無事，庸人自擾之，我知道的事，就是對世間事一無所知。」

涵養之高，讓人敬佩，我的涵養，無有這種超然境界，退而求其次，戒除盛氣凌人習氣。總之，切忌用不當的強制手段去屈服人，盛氣凌人雖能得逞一時，贏了又如何？得不

到他人尊敬，雖贏亦輸。凡事，「以和爲貴」息事寧人，進而到達「天下本無事，何須庸人自擾之」境界，自無訟之事。

地水師 坤上坎下

7 | 第柒卦
地水師　坤上坎下

第一章｜卦辭　象辭

第一節　卦辭

師，貞，丈人，吉無咎。

地水師（☷☵），上卦坤，坤為地；下卦坎，坎為水，大地中有一股流動的水，潛藏著無窮威力，就似一支軍隊潛伏在地中，「師」。

坤為地，大地，從無拒絕過萬物索取，一切因緣果報，端視萬物種些什麼因？大地終究會給人類，真實回應。因此，人類，不要以為所作一切，無人知曉，非也，大地，雖賦予萬物能量、養分，令其自行發展，但不能太過，否則，讓大地傷了心，潛伏在地中的密祕部隊，上下起伏的瞬間，會給人類一個教訓，令其付出代價（如慘不忍睹的土石流或

火山爆發、地震災禍等等。）

　　大地提供空間便宜人類利用，人類應該「正當」使用
它，「貞」；千萬，莫爲私慾，破壞生態平衡，若是不遵循
遊戲規則，大地，自會不客氣回應人類不當作爲。人類想在
大地安居樂業，就要好好照顧它，找一些專業人士，「丈
人」；正確評估適當使用，大地自會給予人類安和樂利的生
存空間，「吉」；讓人類免於受到大地顛覆的恐懼，安心在
大地生活、生存無虞，「無咎」。

　　坤爲地爲國：坎爲水爲民心，國家興衰，民心思向決於
強弱（身在國家裡的人民他們的民心就似一支潛伏中的部
隊），民心似水，「水能載舟亦能覆舟」，身居在上的國家
統治者，讓人民傷了心，民心就似一支潛伏中的部隊，自會
給統治者一個教訓，令其付出代價。（改朝換代或將統治者
拉下，換人、換黨等等。）

　　「國家興亡，匹夫有責」，國家非一人所有，天下者，
天下人之天下，「師」之所以爲「師」，非不得以爲之，
「以戰止戰」是爲了獲得更多生存權力、更完善的生活生計，
「師」出有名，「貞」守正義，身爲領導者，當遴選有能的統
帥，捍國衛民，「丈人」（統領軍事將領），完勝戰爭、戰役以
得「吉」，才能安然無事，「吉無咎。」（吉無咎強調全勝概
念，更強調不戰而屈人之兵，攻心爲上的完勝戰略。）

（一）師是爲正義而戰

　　國家、團體或個人，常爲了「利益」與「利害」權衡，興起戰爭起源。地底下蘊藏寶物，石油，在「利益」爲指導原則考量下，不但成爲商業爭奪焦點，更成爲國際間政治、經濟角力戰的延伸，從無形戰爭演變成赤裸裸之武力戰爭。

　　不論是無形或是有形戰爭，需要的，是一支強而有力的經營團隊、軍隊做後盾，「師」；商業戰役或軍事戰爭，師出必須有名，「貞」；戰役就是要打勝仗，打贏戰役，又需要什麼先決條件呢？

　　「丈人」指統御指揮的主帥，德高望重，具備卓越才能，更須兼備實質指揮權，除知己，更需知彼，知己之實，知彼之虛，整合「天時、地利、人和」於一統，立於不敗之地而後求勝，用最少代價，贏得最大利益，則無遺憾，「吉無咎」。

　　「正義」不能淪爲口號，必須吻合當前局勢，符合絕大多數利益，「利己利人」爲原則，攻心爲上，化敵爲友，「以戰止戰」爲善戰者的最佳戰略。一味講求強奪掠取，非戰鬥的目地，也不吻合正義原則，善戰者，總在合乎時宜關鍵點，尋求利己利人之平衡點，將爭端、損傷降到最低，消弭戰爭於無形，完善結束戰役。

　　善戰者，絕不輕意挑起戰端，也不迴避戰役衝擊，合乎時宜「正義」挑戰，是為提升人生境界，亦是調整轉化觀念的原動力，昇華人生境界的進化力量，經由挑戰過程，守著正義原則，掃除矛盾與阻礙，創造福祉惠澤蒼生，身處人生舞台的統帥者（為己之本身或團體領導者），就在歷練的每一場挑戰過程，彩繪世界的進步與進化，如此，善戰者的丈人，可以大聲的說，挑戰成功，沒有什麼遺憾的，「師，貞，丈人，吉無咎」。

第二節　彖辭

　　彖曰：師，眾也，貞正也，能以眾正，可以王矣。剛中而應，行險而順，以此毒天下，而民從之，吉又何咎矣。

　　行軍作戰非一個或一件的單一戰役，乃集體統合組織戰，「師，眾也」，像抗衡病魔的團隊，聯合各相關免疫系統，內外兼俱統一作戰，克服病魔，打敗病魔。

　　不論那種戰爭形態，牽連的不只是個體，影響波及周遭甚或整體是勢必然，貞守正義原則，才能匡正集體統合組織戰的正當性，才能以「王道」之師征其不服，「貞正也，能以眾正，可以王矣」。

　　興師動眾乃情非得已，「以戰止戰」是為了阻止對立、矛盾擴散，不得不為的手段之一，但，所有舉措必須堅守「正義」原則，符合眾人福祉為依歸，獲得眾人信賴以人心授權，得以「王道之師」旗幟為號召，率師前往作戰，「師，眾也，貞正也，能以眾正，可以王矣。」

　　「九二」誓師統帥者，欲以戰爭解決問題，上須得「六五」層峰信任授權，執掌兵權；下須得民意支持（民心所向），師出有名、師出正義，佈署誓師大業，為國、為民的整體福祉、利益而戰。

　　戰爭是行之步步險、步步驚，順民意、天理之應，誓護天下蒼生為天職，戰爭雖然帶給民眾威脅、財物損失，民眾亦能無怨、無悔承受戰爭帶來的毒害，順從決策的執行，勝利了，大吉，風風雨雨的一切，隨之而去，又何須追究，「剛中而應，行險而順，以此毒天下，而民從之，吉又何咎矣。」

（一）　**兵者，國之大事。**

　　孫子曰：「兵者，國之大事也；死生之地，存亡之道，不可不察也」。

　　師，行軍作戰是國家大事，關係人民生死和國家存亡，是眾人之事。根據國情需要，國家必須培植軍事力量爲國家安全後盾，「師，眾也」；軍隊是用來捍衛國家安定、宣示主權的力量，以保障人民生命財產、安全爲依歸，堅守公平正義原則，爲用兵依據，「貞正也」；非不得以，必須師出以正、師出有名，喚取人民覺醒，以德服人、以才服眾，才德兼備者，可爲三軍統帥誓師之人選，「能以眾正，可以王矣」；統帥贏得當政者授權與人民支持，國家安全與人民最大利益爲前提下，採取以戰止戰的兵戎大事，乃是不得不爲、不得不戰的一種手段。

　　統領軍隊的主帥必須權衡外在形勢，爲了絕大多數福祉與利益，非不得已情況下，所採取的非常手段，戰爭。戰爭附帶的是極大風險，擒賊擒王，找出戕害國家安全與人民福祉的不肖份子，直搗禍害剷除禍首，以降低戰爭付出的代價。

　　興師之前，讓參戰成員體認興師之重要性，知爲何而戰、爲誰而戰，順應民意爭取民心，師出有名爲正義而戰。一旦，打勝仗，苦盡甘來，也就沒有什麼可追究的，「剛中而應，行險而順，以此毒天下，而民從之，吉又何咎矣」。

（二）王者之師

　　師，地水師，坤爲地；坎爲水，地中有水，看不到的水，蘊藏的力量難以衡量；看不到的人心，蘊藏的力量難以臆測。過多過少的地下水，都不宜，多則易成水澤之地，少則地層易下陷，視其地域大小、水量多寡爲其定奪。師者就如地中水，軍隊組成必須依據人口、地域與國情需求爲要點。人心似水，水無常形，因地制宜，人心亦無常態，因無常有所變遷，水能滋潤萬物，亦能殘害萬物，水能載舟亦能覆舟，就是這個道理。

　　水之能夠兼容支流水源蓄之以衆，聚集以成川河大海。師，乃衆人之師，人心似水，堅守「正義」原則，帶兵帶心以服衆，受到將士們擁戴與人民支持，則可組織精良部隊，打擊不安力量，防止惡勢力外力的侵襲、擴張，內以除暴安良、外以抵禦外侮，深得軍士與民心的信任、愛戴，那麼，就可以成爲將士們尊敬的統帥、人民眼中的王者之師，「師，衆也，貞正也，能以衆正，可以王矣」。

　　王道統領部隊，民心爲依歸，一旦，兵戎相見，雖有極大風險，戰爭雖然造成國家某些不穩定情事，卻因順應民意，人民願意承當風險，接受行軍作戰的事實，一時不便、不安，不算什麼，只要戰爭贏得勝利，又有什麼好計較的呢？「剛中而應，行險而順，以此毒天下，而民從之，吉又

何咎矣」。

（三）**為何而戰，為誰而戰。**

　　戰爭不是表相的戰爭，非得拿起武器才叫戰爭，那是偏執的戰爭，經濟戰爭、政治戰爭乃至軍事戰爭，遍及周遭通行全球，無時不刻在各地發生。因此，每一次戰役，除了實力外，還要看作戰的目的，為何而戰、為誰而戰。

　　個人、企業團體乃至國家，無不為願景努力，接受時勢挑戰。戰爭不是好玩的遊戲，勞師動眾，應該有個名目一個原則或是一個目的，足以說服大眾接受領導，同心協力，共同為願景奮鬥。只有曲高和寡的論調是不行的，必須配合趨勢潮流，同舟共濟漸近順境，雖然受到波折損失，亦不為所苦，仍願甘之若飴順從上層領導，一旦，打了漂亮戰爭得到吉的戰果，所有的甘苦又算得了什麼。

　　師，眾也。強調師之行軍作戰，非一人之戰，而是團體戰、組織戰，僅憑一人之喜惡，猝然興師，是行不通的，應該聽聽周遭聲音，觀察周遭趨勢，整理思緒彙集可行途徑，堅守「為何而戰、為誰而戰」信念與原則，謹守分際揮師以進，運作人生大業，「師，眾也，貞正也」。

（四）王者之師之所以為王者之師

　　憑藉喜歡的言語與意見，缺乏戰略思維考量，且戰且走行無路，最後，孤軍奮戰前後無人，乃獨斷獨行的結果，促成眾叛親離人心向背難有進展。

　　主帥，最忌諱的是意識形態作祟，憑藉個人情緒、喜惡興起作戰意念，無由為戰而戰，只會增添形勢險峻，善戰統帥，尤忌獨裁意識形態，應以廣闊胸襟，承上啟下取得信賴，無後顧之憂，統領部隊（經營團隊），前往戰場作戰，剷除禍源，回歸正道，可以為王者之師，「能以眾正，可以王矣。」

　　王者之師之所以為王者之師，師出有名，揮師以進，戰役中雖有險境、阻礙，但，眾志成城民心所向與人爭天下，雖有損傷、災害降臨，民眾仍願意衷心順從，參與這場正義戰爭，戰役勝的，又何必計較誰是誰非，「剛中而應，行險而順，以此毒天下，而民從之，吉又何咎矣」。

第二章 | 大象辭

象曰：地中有水，師。君子以容民畜衆。

地水師（☷☵），坤上，坎下；坤爲地，坎爲水，地中有水，師。地中有水，就像地中有無盡寶藏，聚集在地底之中，如石油、礦產、稀有元素等等；又像體內提供人類，賴以維持生命的維生系統。

師，不全部講行軍作戰，這一點，必須說明，以免辜負聖賢者創造辭意的美意。師，不應該只言對外的軍隊，也可爲當政領導團隊對外執行任務的挑戰。

地中有水，水不單是成江河大海的任務而已，對內孕育萬物生成更是它的使命，內、外兼顧，才是正確講法。師的內涵對國家而言，對外，主權宣示，以國家利益爲前提，擁有足夠的兵力，是爲了防止外力侵侮，保護主權完整、國家安全爲上；對內，造就人民福祉爲首要，保護民衆生命、財產安全爲重點。

對內或對外，面對不同時局變遷，應隨時調整各就各的戰鬥位置，準備應戰，不致受時代洪流衝擊、淘汰。所居的

土地上，想要安居樂業，除了好的領導人，好的領導團隊更為重要，他們是引導眾人往好處所發展，創造好環境的幕後英雄。

（一）「兼容並蓄」的智慧與勇氣

出外奮鬥，接受挑戰，勢不可免。挑戰要有內涵，蓄養學問與知識，不可或缺，內外兼修儲存能量，才有抗衡環境的本錢，才能與人、事、物眞實對決。

不論是國家、社會乃至個人，沒有足夠本錢，想進行有意義挑戰，確實有困難。凡有所爲，人力、物力、財力缺一不可，每項工程都需要人去做，更需要有東西使用，東西又需要銀兩承購設置，人力、物力與財力齊備，尚須完善訓練課程，培植應戰能力，才能與人爭長短。欲成一項工作，挑戰一件事物，有形物質準備齊全，還需全方位整合，有系統完善安排訓練，以儲存戰力能源。

「容民」像事前需要準備的人力、物力與財力，資源的儲備；「蓄眾」則是有系統安排訓練，戰力的培養。因此，面對人生挑戰要有深刻體悟，絕不輕意挑起戰端，不然，付出的代價，很可觀，也難以衡量。外在形勢變化，非國家、社會團體及個人可以決定，我不犯人，不保證他人也不犯我，能量補充與充實還是必須，備而以防不時之需。

　　欲成天下事、天下物，無能脫離兼容並蓄基本範疇，成與無成在「容民」與「蓄衆」的概念運用。氣吞山河之志，兼容天下事並蓄天下物，乃成事者應備胸襟。「人心」像一支龐大無形軍隊，能否駕御這股力量，就要看領導者，「兼容並蓄」的智慧與勇氣，載舟與覆舟就在一念睿智決斷，容不得僥倖，「地中有水，師」。人心似水，水能載舟亦能覆舟，誰能掌握人心，誰就能掌握這股力量，利用這股無形力量打贏戰役。

　　欲得民心必須付出，付出眞誠吸納民心歸向，「君子以容民畜衆」。付出尚不足以得到認同，但，沒有付出，肯定得不到人心歸向，也得不到衆人輸誠，故而言「余誓以至誠」非僅是宣誓形式，而是要當事、當政者，由心自發，至誠以對天下事、天下物，「民之所欲，常在我心」榮辱與共，守護、捍衛衆望所有。

（二）群衆力量來自於人心

　　個人或群體的有形、無形戰爭，有贏有輸、有得有失，必有因由，是創造雙贏，或是兩敗俱傷，亦或是僵持固守城池，存乎一心之所向，決於蓄養能量之多寡。

　　多點心思瞭解對方，比多點大道理來得重要，「兼容」

而能「容民」。在上領導者，說了一堆大道理，還不如多一分體諒，「攻心為上」，知彼知己，化干戈為玉帛，創造雙贏局面，「並蓄」而能「蓄眾」之力，化暴戾為祥和。

　　領導者，謹記，最大的力量絕不是手上擁有的權柄，而是人心思向，大度能容廣納民心，凝聚民心眾志成城，共創雙贏。「容民之心、蓄眾之力」發揮極至，將是成大事、就大業的強大力量，不戰而屈人之兵來自群眾力量，群眾力量來自於人心歸向。領導者，欲得強大民心思向，讓民眾釋放出心靈力量，那是一股龐大無形力量，更是一支強而有力的無形軍隊。

（三）每個人心中都有一支軍隊

　　行使權利的同時，莫忘義務的付出，乃「容民畜眾」精神所在，亦是兼容並蓄內涵。「以不戰而屈人之兵」為戰爭最高指導原則，「正義」旗幟下，止戰於無。戰爭非一定要有殺氣，能在挑戰過程中，學習人生大道，也是一種福份。

　　每一個人都是自己的領導人，最好的朋友與敵人就在心中，最可怕的敵人，不是別人而是自己，戰勝自己，才能戰勝別人，戰勝意識、戰勝心魔，才能平息內心的敵人，「兼容並蓄」讓智能、實力壯大，強而有勁面對挑戰。齊家治國

平天下，就是由己身做起，歷練種種人生挑戰過程，「兼容並蓄」由小至大，成就一切可能的智慧結晶。

　　每個人心中都有一支軍隊，看不到的軍隊，好好從知識與經驗照顧你的軍隊，利用與日俱增的智慧，面對環境變化接受新世局挑戰，創建心中所願之國度世界。

第三章｜爻辭、小象辭

◉ 第一爻｜爻辭 初六：師出以律，否臧凶。

　　地水師（☷☵），「初六」陰爻居陽位，不得位，下卦坎為水，水之不得位，難以定形，隨地形、地貌有不同形態，沒有一定標準。人之道而言，心思無有標準程序，就是失序。地中水，失序，造成內部水流亂竄，易形成水患或土石流失；天體星系中星球，失序，造成星球偏離軌道；軍隊中人員，失序，造成軍隊指揮系統紊亂。

　　水、星球、人員，失序，亂了，會出大事。撥亂反正的方法，容之以成規，蓄之以成律，規範其形運行其律，防止失序。精銳部隊，除擁有好的軍人，軍中紀律則是導正綱紀，使軍隊成員在教育訓練過程中，培植孕育榮譽感、自尊心以及國家至上的信念，成為紀律嚴明的軍隊，一支能征善戰的鐵血部隊。

　　「規律、紀律」是考核軍隊素質好壞的依據，亦是行軍作戰勝敗、得失的關鍵要素。因此，社會制度、個人行事規

範等，須有長程規律的程序建立，「師出」名門「以律」
管教，適當教育訓練循序漸進，步入正軌導正思想、觀念
及作爲。

　　教育訓練之初，以律爲憑，建立行事（或軍事）風格導
入正軌，防止失序亂源發生，否則，一時失序造成失控，險
象環生，後果讓人措手不及，來不及反應，促成兵敗如山倒
的局面，凶也，「師出以律，否臧凶。」

（一）爲何而戰，爲誰而戰。

　　孫子兵法始計篇曰：兵者，國之大事也；死生之地，存
亡之道，不可不察也。故經之以五事，校之以計，而索其
情：一曰道，二曰天，三曰地，四曰將，五曰法。道者：令
民與上同意，可與之死，可與之生，而民不可不畏危也。天
者：陰陽、寒暑、時制也。地者：遠近、險易、廣狹、死生
也。將者：智、信、仁、勇、嚴也。法者：曲制、官道、主
用也。凡此五者，將莫不聞，知之者勝，不知者不勝。

　　戰爭是國家大事，關係人民生死，國家榮辱存亡，不能
不愼、不得不察。因此，必須經過五個方向，敵我雙方戰
力，全盤考量、縝密分析，計算各項細節，根據詳情與事實
預測，演繹戰爭之勝敗、得失。一是道，二是天，三是地，

四是將，五是法。

「道」，指政府和人民的認知，理念相同，意志統一，可以同生共死，而不畏懼危險；「天」，指晝夜、陰晴、寒暑、四季更替，天象變化的掌握、應用；「地」，指地勢高低，路程遠近，地形險要，地勢廣闊、狹窄，生地、死地等地理條件的形態、形勢判斷；「將」，指將領才能，足智多謀、賞罰分明、軍紀嚴明等。法，指組織結構，權責劃分，人員編組，管理制度，軍需補給等調度靈活性。這五個方向，為將領者，不能不深刻了解，多一分了解就多一分準備，嚴明賞罰樹立威信，深根紀律凝聚軍心，勝算機率自然提升。

人一生歷練道路，面對的是權勢、名位、財富等的不息戰爭，我不欲犯人，不能保證人不犯我，不論是內心交戰或外來挑戰，永不停息進行中。外在形勢不息變化，一旦有了利害關係利益衝突，戰爭種子由心生起，帶來挑戰的因子，延續戰爭種子萌芽，逐漸茁壯成勢起而對抗，人生價值保衛戰，從來無有中止過。即知戰爭種子，未曾歇息過，又當如何以對？

面對戰爭須有一套準則和依據，內心須有一把尺、一個目標作衡量，才不致心無頭緒忙於奔命，知其「為何而戰，為誰而戰」，才能運用有限資源面對對手，用無限意志戰勝

敵方，深入對手核心，瞭解戰爭本質之本然，運籌帷幄，建立合宜紀律，謀定通變策略，儲存備戰資糧，故用兵之法：「勿恃敵之不來，恃吾有以待之」嚴陣以待，若無嚴明紀律，何以爲之？臨陣紊亂，必敗無疑，故曰「師出以律，否臧凶」。

（二）知民所需，苦民所苦。

地方父母官，面對人民託付使命，戒愼恐懼面對挑戰過程。每一過程之成敗、得失，關係人民福祉和民生，執政團隊行事紀律要嚴謹，否則，粗糙的政策勢必影響周遭，損害民眾福祉，效應所及非一般，殺傷力的層面波及大者，嚴重的話，有如地中有水衝擊土石，造成土石流般地吞噬社會成本，不得不愼！

政府機構，從人民需要什麼？社會發展方向爲何？面對國際局勢，如何應變？場場都是民生問題的戰役，關係國家前途和人民福祉，執政團隊配套措施的完備，執行績效向上提升，是人民的福氣，亦是國家戰力的後盾。

領導階層當要「知民所需，苦民所苦」，帶領人民走向安和樂利大道。怕的是，僅是口頭承諾，不切實際的開空頭支票，讓人民過得很辛苦、難熬。一切，隨性而來，未能按

照程序規律辦事，人民有苦吃了，上頭領導階層，在打什麼迷糊戰，自身都一無所知，不敗也難，凶，「師出以律，否臧凶」。

第一爻　小象辭　象曰：師出以律，失律凶也。

「律」指軍律或規律。「否臧凶」就是「失律凶」。軍隊要有紀律，沒有紀律的軍隊，凶險重重，出征必定失敗；社會要有秩序，沒有秩序的社會，充滿危機，措施必定紊亂。

嚴格訓練，紀律規範，知其所為、知其所不為，「知為何而戰，為誰而戰」，才具備成為一支勁旅部隊的條件。如若不然，軍心渙散，士氣低落，沒有紀律，如一盤散沙的烏合之眾，面對敵軍，必然潰不成軍。因此，師出以律，須有「法」的建立，軍事行動制度化，求效率、靈活、機動，兵貴神速，才能突破敵人陣地，打擊敵軍士氣。

孫子兵法始計篇七計中的二項「法令執行？賞罰孰明」，「法」與「紀律」，是軍紀重要的一環，關係著軍隊士氣。紀律需要時間訓練、磨合，非急促所能成，紀律好壞，影響法令執行成效，也牽動賞罰公允與否?更決定戰鬥力量持續。

（一）建立規律，遵守紀律。

「師出以律，失律凶」與投資哲學的相關性，有人問了這個問題。本來，投資（人生或事業）沒有固定準則，但可以確定的是，投資者的行為，是否有投資規律，關係成敗、得失。唯有事前樹立運行規律者，能控制住情緒，以不變應萬變，明定趨勢，心思若定，運籌帷幄，掌握方向，破除幻象，不為敵欺。

接受挑戰、戰鬥，首要建立規律，為之行事運行法則，明白所處「立場、目標」，方能有條不紊整理、整頓思緒，遵守紀律有序運作，遠離凶險入侵。如若不然，被敵方所設幻象迷惑，陷入敵方圈套之中，遭受吞噬難以脫困，是很凶險的。

凡事，建立規律，有秩序地整理、整頓周邊一切，它是杜絕亂源利器，更是風險控管的最佳途徑。出門在外打天下、拼事業的同時，記住，養成良好紀律，才不致失律脫序，促使「凶」象險境，否則藏凶，「師出以律，失律凶也。」

🌓 第二爻｜爻辭 九二：在師中，吉，无咎，王三錫命。

　　地水師（䷆），上坤與下坎，「九二」在下卦之中，故曰「在師中」。冥想治理水患情景與心態，那是一件不簡單的工程，人力、物力、財力，非眾人、眾智難能以成，沒有國家機器支持與襄助，上層授權和人民同心，成不了事。

　　每一次的水患，都是人民的痛，國家的傷，唯有身入其中，體會切身之痛帶來的傷痛與教訓，才能感同身受，讓人覺醒，痛定思痛，找出解決的辦法；治水患的主事者，除專業知識和經驗外，擁有堅定不移的心志、毅力，才能有恆地做好治水患、防水患的大業。治水患、防水患，欲長治久安，須有完善整治的配套措施。

　　治水患與防水患的過程中，人民支持與執政者授權，不在話下，在強大民意與公權力之介入，始能不受干擾進行規畫與執行。執政當局充分授權，防止利益輸送（主事者九二，以陽爻居陰位，內柔以容異同，外以權責使其致中，剛強果敢不偏不頗以處世、處事。）

　　工程進行當中，常見的是破壞某些人的利益，引發反彈或抗衡，因利益輸送介入之故，改變整體性規畫，影響疏洪道的路線，損及疏洪功能的健全性。這個時候，必須在公權

力的捍衛下，主事者以剛柔並濟的方式（九二在下卦之中，陽爻居陰位，得以剛中以致柔），防止不當利益介入，順利進行治水患、防水患的防洪工程，使得人民生命財產得到保障與安定，降低水患侵襲帶來的恐懼夢魘。

執政團隊，耳提面命爲人民請命（九二得到六五再三的申命行事，委任重託，王三錫命），雖然耗費巨大的人力、物力與財力，但爲了長治久安之計，將身受其害的隱憂去除，乃是全國之幸，亦是受災戶的大喜事，自然吉利，即使稅賦增收多一些，人民也能接受，何有過錯，取之於民、用之於民，人民才有好日子過，當然好，「吉，无咎，王三錫命」。

（一）九二共識的迷思

戰爭乃國家大事，不得已爲之，爲了遏阻戰爭威脅，須有足夠軍事力量，才能有效遏阻敵軍，不敢輕啓戰端，達到「以戰止戰」遏阻效果。軍隊是軍事力量的後盾，國防安全是很龐大的開銷，國防預算沒有人民支持與國家授權，難能訓練出勁旅部隊，縱有天神般勇將，智慧聰明如孔明，無經濟來源，也莫可奈何。

所有軍隊的訓練與養成，須有人民的共識與領導當局的

授權，才能完善整軍的編列計畫。除了編列整軍教育訓練經費，卓越軍事家不可缺，「在師中」用以培植精良軍隊，「不戰而屈人之兵」戰略思想下，發揮至高戰力達到「以戰止戰」遏阻目的，「吉」，使人民免於受到外力侵侮，「无咎」，國家在統領三軍的最高領導者，三申五令有為的運作之下，提升戰鬥技能，「王三錫命」，讓國家長治久安，「在師中，吉，无咎，王三錫命」。

「九二」共識各自解讀，自有不同的見解，共識條件的建立，必須打破「上下、內外」矛盾而有協調空間轉圜。「九二」共識必須有兩者的對應關係（下對上），為兩個實質社會團體、兩個實質政治團體（地方對中央）或兩個實質個人理念（主從關係）。

打破對立狀態，促使新、舊矛盾共融，而有「九二」共識條件之建立。「共識條件」架構下，「條件」到「條約」建立是條漫漫長路。「條件」對等原則下（打破階層障礙，就實質問題予以論述），進行協商、協調，以達成理念「共識」，遵循共識理念架構，以「共識條件」為最高指導原則進行協調，為「條件」成為「條約」的溝通管道。

「在師中」就像兩個實質社會團體、兩個實質政治團體或兩個實質個人理念，欲達到協調成果往好的、吉的方面發展，必須建立「理念」共識，遵循「共識條件」最高指導原

則進行協調，打破不是共識裡的共識條件，妥協成案，爲之「條約」簽定或承諾（公開性發表），「吉」；不失爲「以戰止戰」的戰略思想，當然，不用一兵一卒化干戈爲玉帛，不是什麼不好的事情，何須大驚小怪，「无咎」，利用「共識條件」的內容，再三努力達成雙方(不論下上、內外，採用對等性的談判、協商爲原則)，各取所需的協調結果，眞是高明，「王三錫命」。

第二爻　小象辭　象曰：在師中吉，承天寵也。王三錫命，懷萬邦也。

「承天寵」有形言之，上級充分授權；無形言之，用兵之際，信心建立、士氣提升。行軍作戰或擴張事業版圖，單是層峰信任是不行的，沒有銀兩沒有兵，口頭上說好，盡量衝刺、盡量打拼，可是錢沒一個、兵沒一人，沒錢又沒兵，想要打贏一場戰役，天下沒有這麼好的事。

（一）上層安心、百姓放心

「師中」的將領，行軍作戰，除充分授權，更需人力、物力、財力等作後盾。「在師中吉，承天寵也」告訴統領將士們，作戰是要銀兩的，沒有錢，那來軍隊可訓練，如此這

般，無兵無糧叫人去作戰，壯志未成身先死，孤立無援的承天寵，那是假的承天寵，是凶還是吉，不是很清楚嗎？

上層的授權還不夠，人力、物力、財力支援不可少，信心喊話與士氣提振不可缺，這是為何，身為統帥例行性巡視部隊加油打氣的因由，讓參與作戰的人員，倍感受到重視，激發榮譽感與自信心，而願與之生、與之死，同仇敵愾面對敵人，視死如歸捍衛國家（團體）。領導者身在其中，參與心理建設與生理訓練，建立上下一心榮辱與共的精神支柱，而能指揮若定統帥部隊，用兵如神，掌握人心，直搗敵方陣地，打贏戰爭。

軍事將領（指九二），建軍或行軍作戰，承蒙領導階層授權與信任，賦予應有一切，展現優良戰果功績，上得領導中心尊寵，下得到兵心、民心愛戴，手握實權指揮部隊，得以安心禦侮抗敵，貫徹任務完成使命，令上層安心、百姓放心。

軍事將領肩負國家安全與人民福祉，非兒戲，如不能鞠躬盡瘁帶領軍隊樹立軍威，在上位的領導人，怎敢將安邦衛國的重責交付，是不？

領導人敢於交付使命、任務，是相信是寵信而授權與將，「在師中吉，承天寵也」，希望將領們，能夠效命國

家，完成使命，以利蒼生黎民，「王三錫命，懷萬邦也」。

☯ 第三爻｜爻辭 六三：師或輿尸，凶。

地水師（☷☵），「六三」陰爻居陽位，不得位，又居下卦「坎」險之上，意味著所以不得位，是因不得上層的全面授權，又面臨險境進逼，逢此又當如何？

敵人兵力強於我，不可硬戰而應智取，設法使敵軍受到牽制，運用計謀創造有利條件，巧妙削弱敵方勢力，計謀破壞敵方部署，陷入我方設計陣地，令其抽不了身，能否做到這一點，指揮權的完整性是很重要的。

軍政與軍令一致性，是靈活指揮、調度部隊的先決條件，勝敵機先兵貴神速，宛如天助我軍打敗敵軍，政令「一元化」，指揮系統的完備建立，則是建軍與行軍作戰的靈魂系統，解除將師指揮權受到制肘的命門。

「輿」是指兵眾或部隊，「尸」是指主將，出師作戰的指揮官，能不能打勝戰，指揮權歸屬是很重要的一環。「或」字本身就是不肯定之意，面對事物不確定，心生疑慮疑惑，定然產生不協調、不統一現象，易造成指揮權紊亂，

難於掌控戰局於未然。

　　兩軍對峙，軍令、號令不統一，容易造成將士心生疑惑，進退無據莫衷一是的迷思，形成部隊調度失序紊亂，喪失戰場主導先機，易嚐敗戰苦果。行軍作戰首重指揮系統「一元化」，所謂「將在外，君命有所不受」，言明太多干涉，導致指揮系統失序，將領們無法靈活調遣部隊，指揮權處處受到制肘，難以達到靈活用兵，喪失兵貴神速的先機。

　　自古以來，領導者畏懼將帥手握兵權，威脅領導中心權力威信，因而受疑，有之。疑心生暗鬼心生隱憂，造成授權不完全，因而造成戰局的失利，帶來困擾與禍患。因此，領導者選將立帥時，在「疑人不用、用人不疑」原則下，不致發生制肘的現象，應詳加考核將帥品德與操守，不致發生制肘現象的疑慮，讓前方作戰的將帥無後顧之憂，打一場戰爭。

　　總結，若是逢此爻情景，務必再三與上層溝通，若上層不願、不肯全面授權，有所選擇的情況下，去之，不留，另謀他圖；若無從選擇，保留有用身或籌碼，安身保命為要，等待機緣出現（等待上層轉變），宜守不宜攻、宜靜不宜動。

（一）考核的重要性

　　武德為叛將或者忠將的分野，「智、信、勇、仁、嚴」武德為主帥須具備要件，領導者考核無誤，授權無疑，主帥才能在瞬息多變戰局，調兵遣將，不致處處向上請示，屢屢遭逢制肘，喪失制敵先機。領導者胸襟和主帥才德，攸關戰局優勝劣敗，不得不慎、不得不防，稍有差池，兵敗如山倒的凶險，非一般。

　　孫子兵法有云：「君之所患於軍者：不知三軍之不可以進，而謂之進；不知軍之不可以退，而謂之退；是為縻軍。不知三軍之事，而同三軍之政，則軍士惑矣。不知三軍之權，而同三軍之任，則軍士疑矣。三軍既惑且疑，則諸侯之難至矣。是謂亂軍取勝。」

　　領導階層即已授權，就要信任主帥，絕不在指揮權作過多干預，造成主帥威信受損、指揮權受創，促成將領間彼此意見分歧，導致軍隊進退失據，易為敵軍乘隙而入，促使軍隊受到慘重傷亡，凶，「師或輿尸，凶」。

（二）因小失大得不償失

　　戰爭是真槍實彈對決，商業戰爭又何嘗不是，競爭時

刻，如火如荼進行銀彈對決，爭取市場卡位戰，爾虞我詐商業作戰，公司與駐外人員，若是指揮系統產生瑕疵，促成溝通管道不良，命令不一、執行多元相互矛盾，受傷的必然是公司，財物損失外，附帶聲譽受損。聲譽是公司第二生命，聲譽受損引發經濟效應，後果往往超出想像，甚至威脅公司生存空間，有之。

　　公司對駐外人員，必須嚴格篩選、考核，考核又必須將「忠貞和才德」列為重要選項。獲得一戰將勝過千軍萬馬，領導者眼光要放遠，切莫為了一時短利，節省人事成本，犧牲好人才，誤了開拓先機，因小失大，反而得不償失。

　　分秒必爭的商業戰場，招攬人才是企業理當應為之舉，人員考核必須嚴謹，一旦任用，依能力才德充分授權，「將在外君命有所不受」就是防範多餘干涉，造成決策紊亂，破壞制度行使，對公司發展終究會產生負面效應，帶來不利結果，「師或輿尸，凶」。

第三爻　小象辭　象曰：師或輿尸，大無功。

　　軍中號令不統一，命令不能有效傳達，讓敵人有機可乘，不但摧毀主帥威信，且破壞指揮系統，讓敵方有機會乘隙而入，製造矛盾，令其軍心渙散軍威受損，以此行軍作

戰，必然雜亂無章，誤了制敵機先，當然無功而返。

大敵當前，猶疑不決是兵家大忌，權力鬥爭，促成內外不一，多頭馬車，造成意見分歧，紊亂的爭權奪利當中，喪失處理先機，各蒙其害，付出代價，非語言所能言，不論今後耗費多少心力、物力，也難以彌補現今傷害之一、二。

諸多無功而返，在於不能決斷，導致雜音不斷。之所以不能決斷，心裡（或團體內部）夾雜不同勢力相互衝擊，只為權衡利害考量，內部聲音、意見難能歸於統一，懸而未決，無能一致砲口對外，無從果敢進行決戰，後果，喪失制敵機先，大無功，「師或輿尸，大無功」。

（一）偉大的母親，戰勝心魔。

不如意之事十之八、九，為了子女，母親常在頹廢中重拾鬥志。平庸的丈夫，沒有驚人之才，卻擁有一股倔強難以溝通的脾氣，讓為妻百般無奈，婦德觀念下，她只能忍氣吞聲，接受事實，認命了。

不知是大男人主義作祟亦或自尊心驅使，從不接納妻子隻字片語，別人一句話，勝過妻子千言萬語，每每吃虧，好意相勸的她，惹來的，卻是長篇大論推諉、藉口。沒有希望

的明天，讓她心生無奈、恐懼，一股無名念頭，盤旋心裡，久而不去，有時，真想一走了之，可，嗷嗷待哺的孩子們，怎麼辦？

一念間，讓她體悟任務未了，為了孩子，母性光輝戰勝心魔。為了孩子，她告訴自己，必須勇敢走下去，沒有為什麼也沒有猶豫空間，天無絕人之路，教育好下一代，才能扭轉環境的坎坷，子女才有好前程，她篤定想著。

雖然，不能改變現實，卻可以改變觀念和作法，身軀脆弱的小女子，扛負家庭裡的大部分生計，沒有怨言、追悔，只有默默耕耘，讓孩子接受教育，培育子女正確人格。丈夫，一生之中就在本業運作，作風習性一如往常。

她心中充滿對孩子的愛，用心栽培孩子，望眼未來，能做的是為孩子紮下根基，心中有苦，卻不埋怨夫之短，盡力維繫家庭和諧，事過境遷，孩子長大成人，各自在社會貢獻心力，她成了孩子心目中的好母親，丈夫心目中的賢內助。

如果，在關鍵時刻，為人母者，臨陣退縮失去鬥志，一切成空，當然，大無功。人生境遇的挑戰、戰鬥最忌諱的是，事到臨頭，猶疑不定無所依從，小則徒勞無功，大則禍患無窮，「師或輿尸，凶；師或輿尸，大無功」。逢此猶疑不定難以決定，想想劇中偉大的母親，戰勝心魔，努力向前

行的情景。

☯ 第四爻｜爻辭 六四：師左次，无咎。

地水師（☷☵），「六四」陰爻居陰位，得位，指在其位通達事變，權宜變通「進退」之道。

「六四」以陰居柔，主退，強調兵勢應用，敵強我弱之際，以退爲進，以虛爲實，虛實互用，虛實欺敵，隨戰場之變化通達事變，隨戰局變化靈活應用。（亦如諸葛孔明的空城計）

「六四」以退爲進保留戰力，以迂爲直誘敵制勝（爾虞我詐是戰爭特徵之一），鋪陳贏得勝利的條件（或完勝退出戰役，免受重大損傷），爭取贏的動能，又有何咎？「師左次，无咎。」

（一）將軍與主帥的差異

主帥者，應以整體戰局爲考量，戰術戰略交互應用，贏得最後勝利爲最高原則，絕不因局部勝敗、得失爲之高傲、氣餒。歷史見證，觸目可考，楚漢相爭，戰場上，楚之項

羽，百戰百勝，卻在最後一役，自刎烏江，成了悲劇英雄；
反觀，漢之劉邦，雖敗之又敗，退而求其次，保留戰力，以
退爲進，積小勝以成大勝，智取項羽，打敗驍勇善戰的楚
軍，贏得最後勝利，奠定漢朝江山，稱王爲帝。

　　戰場上，除了戰術使用，靈活應用戰略，「戰術與戰
略」相互配套，演繹全盤戰局（沙盤推演或稱兵推），創
造有利條件，重創敵軍部署，打擊敵方士氣，取得戰場主
導權。

　　戰爭一切手段，是因應戰略需求，因地制宜權衡利害而
爲，「師左次」迂迴戰略，雖不能予以正面痛擊，爲了達到
目的，爭取有利條件，權衡變通，並無失策，沒有什麼過錯
可言，「師左次，无咎。」

　　兵無常勢，水無常形，唯地形地物變通事宜，爭取更多
致勝關鍵，此乃孫子兵法所列舉的十二「詭道」中，「強而
避之」，敵軍力量超越我軍，先避開鋒芒，不予正面衝突，
退而求其次，適度迂迴、轉進，保留戰力伺機而動，謀取勝
算機先，有何不可。

第四爻　小象辭　象曰：左次无咎，未失常也。

　　「六四」陰爻居陰位，在混沌不明戰局裡，主柔主退，

為保留實力爭取生存空間，退居觀望以明世局，不是壞事；
甚或利用不同管道，迂迴、轉進以欺敵，讓敵方摸不清目
的，而不敢造次。戰場上，爾虞我詐欺敵戰略，比比皆是。

　　為了爭取生存空間，「以退為進」實力保留，不失為良
策選項，迂迴挺進的戰略思維，在不違背常理，合宜應用並
未失常，「左次无咎，未失常也」。

（一）怒氣少一點，化干戈為玉帛。

　　夫妻之間偶爾發生一點口角與小衝突，不是稀奇之事，
不妨，學一學，師左次的精神，各退一步，怒氣少一點，將
兩人的小戰爭消弭無形，化干戈為玉帛。偶爾的「左次」，
爭取轉環空間，並未失常啊！「左次无咎，未失常也。」

　　「師左次」要有目地；沒有目地的師左次，一退再退、
迂迴再迂迴，那是懦弱，引發的變數更大。因此，師左次，
強調勢不予我時，不可力敵，雖不可力敵，卻可智取。

　　三十六計的「連環計」，就是典型的以退為進，制敵、
欺敵於不知不覺中的迂迴計謀，奧妙在於連環套，數計的合
用，不正面與敵對抗，採取迂迴方式逐步打亂敵方部署，擾
亂敵軍作戰計畫，企圖移轉敵我對峙焦點，模糊真實目地，

給對方一些實質短利，利以誘之，使其失去戒心，讓敵人陷入圈套之中，誘敵深入其中，等敵人發覺我軍目地時，已經無法脫身，身陷我軍所設的陣地之中。

「師左次」迂迴轉進，讓人拾起失敗、失利經驗，予人成長增添智慧的機會，亦是贏得勝利、獲得果實最好的養分，孰是孰非、孰贏孰敗，存乎一心之進退：心態之調整，「未失常也。」。

☯ 第五爻｜爻辭　六五：田有禽，利執言，无咎。長子帥，弟子輿尸，貞凶。

地水師（☷☵），「六五」陰爻居陽位（有猶疑不定，寡斷之虞），又居上卦之中，不得位而得中。（不居前方統帥之位，亦即非御駕親征，乃居於中宮至尊位，聆聽各方來訊、簡報，予以整合，授權於前方統帥，統一指揮部隊，行軍作戰。）

野獸進入圈套之中，先將野獸抓住再說，一切沒事。就像敵人進入我軍所設陣地，先擒住敵軍再說，待他們束手就擒後，這場戰役贏了，沒事了，前提在於事前推演，多方協

調、溝通，達成共識（利執言之一解），擒拿田中物、甕中鱉，才能安然無事，贏得勝利，无咎，「田有禽，利執言，无咎。」

野獸尚在園中，還在爭誰是主角、誰是配角，誰都不讓誰，最後，野獸脫困，這隻野獸是會吃人的老虎，縱虎歸山，後患無窮，「貞凶」變成「眞凶」。

敵軍已陷入我軍所設陣地，本可手到擒來，挫敗敵軍。怎奈，領導者，將統帥權交給主帥，又怕主帥軍權過大，威脅領導者威權，接著派人監督，造成軍事行動必須經過監督者的同意，才能付之執行，造成統帥權受肘，難以靈活用兵。敵人都已至家門口，為我所囚已成囊中物，還要問，「可、不可以擒拿啊！」，原來的先機反成危機，本可擒住敵人，反被敵人逃脫，引發後遺症，難以估計。

戰場上戰情瞬息萬變，唯有身處戰地指揮將領，能夠適時掌握敵情，瞭解進、退之道。若然事事經過層峰核可，喪失制敵機先良機，易促成功虧一簣。指揮權的不統一，「長子帥師，弟子輿尸」，主帥指揮權受掣肘，軍威無以立，軍士無所從，摧毀主帥統帥權威信，令出不行，威不及軍，失敗隨之在後，豈能不凶。

最高領導者，在用人不疑的原則下，事前審慎考核主帥

者之「品德與才能」，一旦用兵征戰時，領導階層敢於授權，讓身在戰場、商場的主帥，利於掌握先機，發號司令（利執言之二解），盡情發揮才能，打一場漂亮的戰爭，「田有禽，利執言，无咎」。另則，最高領導者，當要尊重主帥的指揮權，「政令一元化」指揮系統，才能靈活用兵，兵貴神速一舉成擒敵軍，如若不是，事事都要請示，等到核可之後，煮熟的鴨子都會飛走，甚或賠了夫人又折兵，「長子帥，弟子輿尸，貞凶」。

第五爻　小象辭　象曰：長子帥師，以中行也。弟子輿尸，使不當也。

　　領導者指派長子為主帥，統領軍隊；長子指「九二」（古代以君王之子，代為出征），九二居內卦之中，謂之中行。「長子帥師，以中行也」。領導者授權主帥，使其有充分指揮、調配兵力權力，順應時、空制定作戰計畫，便宜掌握戰局脈動，利於戰略戰術之靈活應用。

　　指揮官的決策，怕的是虛位主帥，事事需要後方領導者首肯。領導者居於權力威望或利益考量，心有千千結，不放心將權力下放，指派長子為主帥，接著又指派弟子（心腹、監督者），從旁監控，難以快速反應，導致喪失制敵機先的優勢，造成只有守勢挨打的份。

　　只有守勢沒有攻勢的部隊，就像沒有牙的老虎，攻擊力道有限，徒有其形難有虎威；另則，指揮權的不統一，形成指揮系統紊亂，使前方將士無從遵循，根本談不上先機掌握，有也是徒然。爲了指揮權，意見不一，就在分歧、爭執當中，先機早就飛走了。

　　指揮權的旁落、政令的不統一，是兵家大忌，才有「將在外，君命有所不受」智慧語錄。畢竟領導者是領導者，主帥是主帥，戰敗，主帥必受懲處，而領導者只有「遺憾」兩字。

　　孫子兵法始計篇：「將聽吾計，用之必勝，留之；將不聽吾計，用之必敗，去之」。領導階層聽我計策，採取我的作戰計畫，用兵，必能取勝，則留下輔助；領導階層未能聽我計策，採取我的作戰計畫，非我控制指揮，用兵，必敗無疑，還不如早點離開。

第六爻　爻辭 上六：大君有命，開國承家，小人勿用。

　　地水師（☷☵），上六陰爻居陰位，得位，已至卦之末端，戰爭結束的，不論是大的戰爭或個人的戰爭，總有檢討

與總結報告。看到、看不到的戰爭，都要從戰爭過程，學到教訓積累經驗，爲往後戰略、戰術依據。戰爭結束，不代表戰爭結束，戰後檢討正要開始，不僅僅是對功過得失算計，更重要的是對整體事件，利弊得失的改善。

　　戰爭爲國家大事，經歷戰爭洗禮之後，領導者（上六得位，指大君），有感而發說出自己的想法，「大君有命」；戰爭是不得不的手段，是用來處治「以戰止戰」不得不爲的方法，雖然戰爭結束，但不要忘了戰爭付出的代價，每位必須從代價中有所體悟，戰爭非僅是個人、個體事情，它是整體結構國力作戰的大結合，不僅是物力、財力作戰，兵力更是作戰中最重要的一環。

　　上至領導階層的「開國」諸公，到執行團隊的「承家」子弟，不要忘了戰爭帶來的殘酷與教訓。凡事應以國家觀點，作全盤性戰略思考，不論是經濟、軍事、政治、外交等，須以國家利益爲出發點，人民整體福祉爲依歸，「師出有名」才可興師用兵，打經濟、軍事、政治、外交等有形、無形的戰爭，絕不可爲了個人之喜惡，打無謂戰爭，「小人勿用」，領導者，洋洋灑灑發表戰後感言，底下觀衆目不轉睛看著螢幕，劇情就在發表感言後，緩緩落幕。

　　當你是自己的領導，務必往大方向思考，合於利則動，不合則止，要有「開國承家」的氣度與格局，莫被風雨動

搖，當要捨棄小我思維。面對世局挑戰，眼光要放遠，高瞻遠慮，思其所思，放大格局詳盡規畫，不合程序的小人步數，暫且放一旁，「小人勿用」，正本清源解決當前問題，贏得光榮挑戰。

第六爻　小象辭　象曰：大君有命，以正功也。小人勿用，必亂邦也。

領導者，面臨有形、無形戰爭洗練，記住，從挑戰過程中汲取經驗，淬取、累積能量，作爲未來擴張發展的動力，「明正典型」樹立規範，將其引導到正確方向，讓每一次有形、無形的挑戰，帶來更美好的發展空間。

地水師的結語，強調，不論大小、有形無形，雖有「天時、地利」配合，尚須致力「人和」，檢視周遭，不因小而不顧，不因大而邀功。「大君」所以爲大君，正義旗幟底下，凝結共識，收服人心，廣闊襟懷，能容百川，造福衆人。

最強的軍隊不在外面，而在每個人內心，是正義之師或邪惡之師，唯主事者是問。領導者亦是凡人做，即是人的天下，就脫不了凡人所歷經的種種，邪惡的戰爭，來自於邪惡能量，出乎於邪惡意識所使然，這種領導者就是小人，不宜

長期擁有偌大權力，否則，必給整個國家或社會、企業，帶
來腥風血雨，「小人勿用，必亂邦。」領導者務必記住，不
合程序的法則與紀律，帶來損害難以評估，帶來傷痛難以形
容，小則傷身大則誤國。

水地比 坎上坤下

<table>
<tr><td>8</td><td>第捌卦
水地比　坎上坤下</td><td></td></tr>
</table>

第一章｜卦辭　彖辭

第一節　卦辭

比，吉。原筮元永貞，无咎。不寧方來，後夫凶。

比卦（☵☷），下卦（內卦）坤，爲地；上卦（外卦）坎，爲水。水之本性，水具有謙卑就下特性，隨著大地的地形、地貌變化而變化，親密相比，相敬如賓，「心靈相通」造就形體、形貌，吉，「比，吉」。

知己，貴在心靈契合、思想投緣，心心相繫、心心相印，與之相比，建立深厚情感，「你知我、我知你」情景，又如國與國之間的天涯若比鄰，又像男女情感的比翼雙飛，無爭愜意，合鳴與共，故得吉，「比，吉」。

　　水的本質就是清澈；心的本質就是清淨，坎爲水、爲心，眞心付出，誠意對待，此心不變、此情不渝，始終如一，保持初衷，謙卑就下，眞心待物，不失赤子本性（清澈、清淨），問心無愧，何咎之有，「原筮元永貞，无咎」。

　　與人相比（互相交往或往來）在乎一個「誠」，始終抱持求神問卜般的虔誠（敬神祇虔誠心態），亦如水之本性，謙卑就下本性，一本初衷（水從不改謙卑就下的本質）善待周遭，眞誠親比，無悔亦无咎，「比，吉。原筮元永貞，无咎」。

　　失眞狀態來自「有比」的心（有目的、有所求之比，亦即眞心之外的相比），爲了面子，爲了自尊，爲了誰依附誰，互相較勁，「道不同不相爲謀」造成心神不寧，爲了捍衛「面子、自尊」等因素，少了磋商餘地，讓人無從著手，也無從說什麼，頓時，成了別人眼中的獨夫，凶，「不寧方來，後夫凶」。

（一）遠在天邊，近在眼前。

　　朋友相處貴在交心。不因富貴改變其志；不因貧苦改變其心，一如往常交往，那是眞心好友，知己。

「朋友跌倒，扶他一把；朋友成就，替他高興」。雖遠在天邊之遠，亦如近在眼前，心心相印之故，心繫於彼，寸心關懷，那是何等幸運，吉也。

「富貴不能淫、貧賤不能移」，不論過往今後，是富貴、亦是貧賤，仍一本初衷交相往來，不因環境影響、不因現實左右，相互尊重、相親相愛，無有厚此薄彼之別，「比，吉。原筮元永貞，无咎」。（一本真心相待，無怨、無悔相互尊重。）

有些人在追逐名利之際，忘了初衷，不覺傷害了摯友。雖有「名利」所得，卻失去最珍貴的友情，追，追不到、挽，挽不回，心神牽掛，不得安寧，得不償失，凶，「不寧方來，後夫凶」。

（二）真心、妄心

真心對待、融合與共，親和力量無以倫「比」，你相信我，我相信你，長期累積「誠信」的果實，吉，「比：吉」，真誠，一本初衷，此愛不渝、此情不變，「原筮元永貞」，不因時空變化而變化，有緣相交，何等有幸，故而「无咎」。

　　妄心起，興起「有比」心，徒生好勝心態，非要分出誰高誰低、誰有誰無，徒生恩怨情仇，造成猜忌、迷離，那是最差的親比。爲了名利虛位，你爭我奪，疑心生暗鬼，築起一道鴻溝，樹立你我分際，比之不類，信任不再，誠信流失，促使無人可比，無人可依，甚或除己外，無人可及的高傲，令人退避三尺，留下孤家寡人，獨享清風，看似風光，卻是孤寂。

　　高傲的高貴，外人看來，不過是高貴不貴的「虛名、虛利」罷了，可悲、可嘆！看不清眞相，在人群堆裡追逐虛華的名利假相，以爲是先知先覺之智者，殊不知，卻是後知後覺之愚者，凶險就隱藏在名利假相之中，「後夫凶」。

　　比之意涵，啓蒙人類，善用關懷謙卑就下，與之善比，從中建立「人和」基礎，化分爲合，和平共處、相安無事，均衡需求，各取所需，創造雙贏局面，「比，吉」。謙卑就下，包容異同、接納異己，紛爭無由生起，始終如一，不改初衷，從善如流，止於「原筮元永貞，无咎」境界。

（三）眞相、假相

　　「人之初、性本善」，人之本性，原本單純，無所謂是非、對錯、高下、善惡、美與醜的判定，更無所謂有無、難

易的比對、比較。

　　人，一旦脫離真心本性，失去純樸赤子心，真相蒙塵，隨環境起舞，假相生成，創造外在的我，這個我與內在的我，包容不足而有衝突擠壓，促成做法跟想法背道而馳，漸行漸遠，原先那個我，似在人間蒸發，不見了，陌生的連自己都不認識，別人怎麼會認識你。

　　背叛自己，就等於失去誠信，失去信賴的朋友，讓人心驚膽跳，夜不安寧，孤家寡人，難以就寢，「不寧方來，後夫凶」。唯有漸次去除私心，去除「有比」得失心，回歸自我本性，找回真心，還原真相，始得安寧，趨吉避凶。

（四）有苦難言

　　人心不古蛇吞象，鼓動思潮，幻想不斷、欲望不止，情緒起伏，一日數變，變化本身不可怕，可怕的是，喪失原本純真的心，更可怕的是見利忘義，犧牲誠信原則，帶來無名震撼彈，謊言充斥，失真的讓人心驚膽跳。

　　「利益擺中間，情義放兩旁」，只顧利益，情義難能屹立不搖於長久。果敢在「人不為己，天誅地滅」觀念下，膽大妄為，必將失去人心，人才聞風而避，以致無人可用，利

益薰心，帶來「前有伏兵、後有追兵」伏擊報應，怎能叫人
安心，芒刺在背，夜不安寧，「不寧方來，後夫凶」如是景
象，情何以堪？徒留悔恨。

　　人生悔恨，來自放不下利益爲多，不論是思想、觀念
或是金錢、名利，越想獲得，心裡愈是掙扎與煎熬，源自
「比」之心，比人更好、比人更強，比人更有地位，然要
「比」，就眞誠面對「心中道、心中物」，客觀「比」對，
化暗爲明，化險爲夷，求得「心中道、心中物」，則吉也。

　　權力欲望、利益所得驅使之下，心思被麻痺了，好壞、
善惡拋之腦後，一心只想親附攀「比」，想好不想壞，善之
將去，惡之將來，惡夢連連，心神不寧，放不下、拋不開
「權力欲望、利益所得」，讓人陷入無底深淵，造成錯誤幻
象，摸不著方向，還不知悔改，這種人，當然凶，「不寧方
來，後夫凶」。

第二節　彖辭

　　彖曰：比，吉也。比，輔也。下順從也。原筮元永貞
咎，以剛中也。不寧方來，上下應也。後夫凶，其道窮也。

（一）坐井觀天

水與大地之比能古，乃水之於大地，謙卑就下，與大地相輔相依，親密攀比融合一心，順流而下以成江河大海之壯舉，「比，吉也。比，輔也。下順從也」。水，從不改變就下特性，無論是低下、污穢不以爲卑，反以謙卑展現水的高尙節操，萬物之靈的人們，從水的特性省思到什麼？

人生苦處源於攀「比」心，論其身份高低而有貴賤之別。解決之道，除去「身份高低貴賤之別」的觀念、想法，客觀「比」對，理性比較，「心身合一」（坤爲地、爲身；坎爲水、爲心）相輔相成，物我一同，呼應趨勢，得以呈祥，吉也，「比，吉也。比，輔也」。

始終如一，虔誠面對初衷原意，洗滌心靈去除蒙塵，還我眞心本性，「身心合一」成就天下事、天下物，自無過錯可言，持中以行剛正以對(獲「九五」正面回應，「六二」與「九五」陰陽相應之故)上行下效，順其初衷，遂成原意，謙卑就下，成就其事，「原筮元永貞无咎，以剛中也」。

凡有，謙卑就下，精誠所至，必能獲得回應，「精誠所至，金石爲開」是也；怕的是放不下高傲、虛榮，緊守疆域，坐井觀天，自欺欺人。瞧瞧外面，發覺前、後無人，留

下孤獨長老，閉鎖世界，再回頭，人家不想麻煩長老，此時，想要比，恐怕也無從比起，一股莫名不安氣氛蜂湧而至，恐懼不寧由是生，患得患失，有理難伸、有路難行，道窮也，「不寧方來，上下應也。後夫凶，其道窮也」。

（二）同理心

水地比：內卦，坤，德行是順；外卦，坎，德行是險，「內順而外險」。風險中仍能神情若定，順勢而行，不受干擾，那是止於寧靜的高度涵養。面對衝擊毋須心慌，心靈歸零止於平靜（化分爲合，化合爲整，化整爲零，歸於太極，重啓爐灶），重新思索，找出順的途徑，殊屬同歸於一源，共赴前程，開創新局。

謙卑就下的虔誠，「將心比心」包容，融入對方、體會對方，體悟你我之交集，「你理中有他，他理中有你」，訴之以理、還之以情，因合宜攀「比」，矛盾、衝突的冰點，終有融合化解之時，趨向有常應用，爲之規律、法則，穩中求進求同理，改善類比友好關係，向善發展求得理同的「同理心」。

「同理心」將心比心趨於理同，「人同此心，心同此理」而能知心，知心而能知彼，知彼知己而能尊重，尊重而

能化解矛盾、衝突爲共知。「榮辱與共」相輔相成，「你認同我，我同意你」順心順意，建構共識，上行下效，打造人生、事業，「比，吉也。比，輔也。下順從也。」

比，所以吉，因同理心，「比」我強、我好，向他學習；「比」我不如者，反躬修己，他山之石爲之借鏡。「教己、教人，輔己、輔人」教學相長，善心爲念，眞誠對待，堅守初衷，無愧於心以對原意（心中道或心中物），自无咎之可言，「原筮元永貞无咎，以剛中也」。

非眞心者，短暫得逞，看似上下呼應，一旦，跡象敗露，被人看穿心思，失去信賴加持，人家不願與之共處、事，心神不寧，解釋一堆，上下有志一同回應一句話：「不予理會」，窮極心志難有所獲，道窮也，一切，咎由自取，「不寧方來，上下應也。後夫凶，其道窮也」。

（三）親戚是什麼，什麼是親戚？

人與人互動，不在遠近、親疏，也不在血緣關係，而在認同，心靈契合。有血緣關係就是親戚，那是鐵的事實，但不見得親戚就比較親。互動、關心，心靈交會，即使遠在天邊，心靈一點通，互相關懷、互相體諒，它就是心目中的親戚。同個屋簷下，漠不關心，格外冷淡，是親戚也非內心的

親戚。心靈的親戚遠勝漠不關心於己的血緣親戚，不是嗎？

　　知己好友，不在交往長久，而在交心，我心知你心，你心知我心，將心比心，設身關懷他、心靈問候他，不知友人過得好嗎？身體可否安康？事業工作順利嗎？友人與貴人，就是這樣覓得，感情才會深厚。友人與貴人是經營來的，絕非天上掉下來，唯有交心，將心比心，眞誠交流，他將是你的友人，也會是你的貴人，更是心靈的親戚。

　　交友必須審愼選擇。只重虛華名利，少了眞心交往，那是利益謀合，只是跟利益做朋友，而非跟人做朋友，非眞心知己的益友，利益存在時，回應你；利益不在時，迴避你。至誠好友，不僅建立在利益上，眞心交流更爲要，感同身受付出關懷之情，心靈共鳴比之以合；酒肉朋友，酒足飯飽，掉個頭，朋友不見了。因此，決定友誼的吉、好，眞心誠信類比心靈神交爲最上之親比之交。

　　非眞心誠意不能深交，損友讓人心神不寧，利害當頭引來無謂紛擾，上下夾攻，逢此處境者，「凶」，叫天，天不應；叫地，地不靈，「道窮」也。

第二章｜大象辭

象曰：地上有水，比。先王以建萬國，親諸侯。

　　比卦（☵☷），坎為水，隨著地勢造就千變萬化的形貌；「坎」為水、為心，人心變化亦如水，隨著形貌變化，隨著思潮湧現，造就時尚潮流與世間面貌。世上萬象，看似冥冥然，卻有必然存在因素，不論水如何善變，變化中有其不變本質，它擁有順流而下特質及清淨如鏡本性，「內在潛藏力量造就外在形態」，如實呈現面貌，從一而終「原筮元永貞」本然心性（相由心生是也），就是這樣，從不受時、空幻化左右。

　　水看似平靜，蘊藏著無比力量，能載舟亦能覆舟，人心似水，亦潛藏無比潛能，能成事亦能敗事。世間道，有股似水、似心的無形力量，推動世界波動，掀起無常浪潮，衝擊世間道位移產生蛻變，世間人，不能把持自我，心性被吞噬，導致昏昧，隨時有被潛藏風險襲擊可能。但，風險中也蘊藏著機會、轉機，風險到來，如能擦拭心思，明白所為何來？反能為未來儲存另一高峰能量，創造新契機。

　　政府領導階層或企業領導者，莫輕視民心思向，當效法

前領導者的善知識（先王），順承民意比之於民，反求諸己與民同心，跟隨世勢變化順民之所欲，提供良好決策、給予發展空間，施德施惠於民、部屬，與之榮辱與共，造就多元社會，奠定成大業、建大功的基礎，「先王以建萬國，親諸侯。」

（一）「勢」、「力」與「誠信」立國

「水地比」畫中意境，依稀聽到它們的對話，大地用柔順態度，告訴水兄弟，「你來，你來」，水兄弟以謙卑就下態度接受邀約，大地任由水兄弟造就不同形態的水勢，展現不同力量的威力，真心誠意在彼此間，你來造勢我出力，江湖重現你我意。

「勢」與「力」一體兩面觀，有勢無力，難成大事；有力無勢，英雄無用武之地。「勢」與「力」，必須均衡，真心相交、誠意關懷，相輔相成、相得益彰，順應民意，獲得信賴與信任，領導者在強大民意支持下，得以建「勢」固「力」穩定事業基礎，建功立業創造佳績。民心如流水，領導者胸襟有多大，決定民意、民心向背力量多寡，他的誠信能量，更決定所及勢力範圍之廣狹。

偉大的領導者，之所以能夠統領各方，建立國家，憑著

「誠信」概念來立國。對人、事、物能以廣闊襟懷坦誠相容，謙卑就下異中求同，凝集共識求得心意一致，相輔相成、相得益彰擴張「勢力」，打造人生、事業根基。

　　個人、領導者，或國與國，與之相交「誠信」為本，良善之比為源為始，視人如己待之以誠，很多的不能因受誠信感化，而有金石為開的一天。成就豐功偉業者，當以「誠信」為根基，成就德行施惠於人，博得世人信賴、信任，搏得良善名譽、聲譽，而能聲名遠播，通達世界，無所不在，「建萬國，親諸侯」。

第三章｜爻辭、小象辭

🌓 第一爻｜爻辭 初六：有孚，比之无咎。有孚盈缶，終來有它吉。

比卦（☵☷），「初六」陰爻居陽位，不當位，以退爲進，要求自我以律，律己以誠。比之初始，「有孚」心中「有道、有物」，言之有物，誠也。比之初始，首重誠心相交。言有物、行有恆，「你過來，我過去」，你過來瞭解我的眞心，我過去瞭解你的誠意，言之有物，鑿鑿有實，應驗誠信。誠信須得認證，誠信乃實務驗證所得成果。

「誠信」欲獲認證，須有目標、有目的、有對象，知其能做什麼？知其立場爲何？才能從環境中找到立足點，站穩立場，穩固誠信基石，建立勢力，作爲創造新時代的後盾。

「誠信」有何魅力？它是凝集人心的力量，它是創世立業不可或缺的動能，雖不可見，卻能在潛移默化中，孕育無限力量、動能，看似水過無痕，卻能在誠信旗幟下造勢，虛空中孕育成池、成湖或其他種種有形、無形的一切物，成其「有孚」之成（心中道、心中物）。眞心攀比，無欲則剛，

客觀面對心中道、心中物，互利互惠原則下，建立互動關係，而能「比之无咎」。

比之初，眞心相待，誠信以對，努力耕耘，致力經營，能力足、誠信夠，受賞識，互動關係得到認同，立場站穩，做事無後顧之憂，附加價值與日俱增。「誠信」來自於己的付出，每一次誠信盈滿，是再一次勢力範圍擴張，終會帶來附加價值提升，誠信加持好處多多，「有孚盈缶，終來有它吉」。

（一）誠信不是口號

誠信不是口號，誠信是信念與作爲，長期經營積累的成果，只有信念沒有作爲，誠信經不起考驗；只有作爲沒有信念，誠信無由生根。「以誠爲本、以信爲立」，信念與實物相輔相成，事可成、業可大。誠信是精神指標，亦是成功者的基本素養。

成功者表現其成功的方法，「誠信」爲基礎，誠摯付出悲天憫人的眞心，體諒他人的立場，知其所需、所欲，「人同此心、心同此理」知其處境，榮辱與共與之類比（親比），爲生命共同體，不受其弊，共謀其利，「有孚，比之无咎。」

　　誠信必須心中有物，與人相交類比，與人建構「道或物」信賴基礎。人是充滿感性、偏執和虛華的情感動物，非完全理性，關懷建立誠信之根，尊重獲得信任之源，自求「誠之勢」，有容乃大得「信之力」。

　　「心之誠、勢之強」納衆見、容異己，「以勢用力、以力就勢」孕育能量，相輔相成凝聚共識，信賴和認同的滿盈，辦起事來方便多了，終究是誠信帶來的好處，有它吉（指誠信），「有孚盈缶，終來有它吉」。

（二）信評的重要

　　「有孚」非口號，誠信蘊藏信用能量，足以影響個人聲譽、家庭盛衰、國力強弱，豈能兒戲。簡單的說，「有孚」就是當今所言的「信評」，「信評」重、不重要，相信有識人士，必能瞭解它的價值與重要性。

　　小至個人大至國家，「信評」代表人格、國格信用評等，財經言之，個人信貸額度、國家發債能力，重要性不可言喻，如若信用破產，殺傷力是很可怕的，個人一世基業、國家百年基業，就這樣毀於信評威力之下。信評不佳，波及威力不可小覷，小則成爲多數人的拒絕往來戶，大則引起波濤洶湧的金融海嘯，衝擊全球。捫心自問，「有孚」重或不

重要，莫要等到事已至，事到臨頭，才來修補，恐怕爲時晚矣！

「信評」評比，不論是個人或是團體法人，絕不敢忽視，誠信以對「比之无咎」。如若不然，負面效應不僅傷己，波及周遭相關人員、事物，那就玩大了。

信用非一時之物，乃長期經營積累而來，細水長流永續經營，乃世人所公認的普世價值，一旦有需要、需求，必然獲得支持、幫助，信用夠、信用好，需要資金運轉，銀行不會來個「不」，而來個「歡迎」，信評滿分，終究好處多多，「有孚盈缶，終來有它吉」。

第一爻　小象辭　象曰：比之初六，有它吉也。

比卦（☵☷），「初六」爲陰爻，主柔。比之初，眞心柔順與人互動，積極營造誠信根本，日久見人心，見證誠信果實的兌現。比之初（六四陰爻，無有對應，故而爲己之與人親比），自立自強，律己奠定「誠信」基礎，誠信是人的第二生命，名譽、信譽，帶來益處不可言喻。

比之初，示以「誠信」，獲得他（它）人信任、信賴，才得以吉，「有它吉也」。「初六」爲陰爻居陽位，不得正

位，故而特以「有它」之言，告之，「誠信」為本，建立人際關係。雖不言其中深意，卻隱含一些內容，亦如失去名譽的人，不被尊重；又亦如失去信譽的企業，難有好成就。

誠信無特定對象，卻是公共財，不論領導階層、企業經營者，誠信決定施政、經營評比；民調、市調針對當事者開出的支票，是否兌現，給予感受評比分數。

不論是誰，失信於人，互信機制遭到破壞，造成信評缺憾，儘速修復，免得蝴蝶效應，來不及補救。比之初，須以「誠信」基礎，律己以誠，淬練人生，當誠信從身體飛出，充滿誠信芳香，讓人感受信任、信賴，好處多多辦事容易，吉。

（一）「有它眞好」

當誠信受到質疑，做好停損，防止個人、團體再度捲入信評降級，儘速建立誠信基礎，為之上策，虛心就教、謙卑以對，排除疑慮，重拾信譽，彌補遺憾，相信，若干時日，「誠信」效應，會讓人感受有它眞好，「比之初六，有它吉也」。

人願與之為友，互相合作、協調，共事相依、和諧與

共，乃誠信互動累積結果。與人互動，僅靠柔順身段，是不夠的，配合「真心」加上「誠信」，立信於人，才有借力使力本錢，否則，空口白話，一張空頭支票，難以服眾。

「一切就這樣決定。」短短數語，簡單明瞭，一諾千金，令旁邊人拍手叫好，無人懷疑。他的誠信程度，已然從身體飛出，能量足以服眾，比之初六，就是要經營到誠信飛出讓人感受，等到信評足夠，同樣一句話：「一切就這樣決定。」受人肯定，就到「有它吉」的境界，領受「有它真好」的溫馨。

☯ 第二爻｜爻辭 六二：比之自內，貞吉。

比卦（☵☷），「六二」陰爻居陰位，得位，內卦之中，得中得正，上與「九五」相應，內部作為受到外界人士回應，回應不代表全然接受，那是允諾非信諾（口頭上允諾，尚無書面信諾），後面還有一段路要走。不過，值得慶幸的是，起碼得到對方善意回應，「誠信」累積有了回報，事情尚未成功，仍須努力，自信受到認可，總算跨出第一步，值得高興，「原筮元永貞无咎，以剛中也（以剛中，乃「六二」得到「九五」之回應）。」

　　自信來自於自我挑戰，挑戰自己、戰勝自己、戰勝魔障，而能勝出圓滿事物，得到善意回應，延續「誠信」果報，造就人生價值。「誠信」乃爲人處事，創業立功基石。因此，「互信」機制須建立在誠信基礎之上，誠信是經營而來，讓人從心感動，心悅誠服的成果，這種誠信，才是值得信賴的誠信。「人之信我，非我求人以信」守此原則，累積誠信，才能得到尊重獲得禮遇。附帶但書，完成某些事物，那種誠信，值得懷疑，切勿自滿，它非眞的誠信，只是利益的偶然。

（一）見山是山，見山不是山，又見山是山。

　　比之自內，訴求的是自我能力展現，受人信任的評比實績。「見山是山，見山不是山，又見山是山」，看到山的表面，是世俗人的第一印象，徒具表面風光，有形無意的富貴名利，只是一時表相，隨時光流轉情景幻化，不禁懷疑之前所見的，是不是眞的富貴名利。

　　「山不轉，路轉；路不轉，人轉；人不轉，心轉」，忖度的心讓它變了樣，看到的山，還是原來那座山，只是面貌改變了，讓人不認識罷了。當瞭解歲月，日復一日、年復一年，對它產生幻化，發覺山還是山，沒有位移，仍舊屹立在那裡，心不爲所動的詮釋它，造化它，自我肯定建立

信心，不因物境幻化，動搖心志，人人心內原本有座山，律己以誠，示人以信，獲得信任、信賴，吉，「比之自內，貞吉」，就是如此這般。

好的評價非無物，擁有不為所動的堅持，一個原則或一個承諾(心中道、心中物)，非外人所能給，律己以誠，自我修持、自求多福積累的成果，「貧賤不能移，富貴不能淫，威武不能屈」務實作為展現績效，以體現誠信精神，故而「誠信」非無量，乃「比之自內」以律己，貞守「量入為出」原則，誠信為本累積能量，做到「言必行、行必果」以得吉，「貞吉。」

（二）**陰陽魔界，分道揚鑣。**

「誠信」像心中聚寶盆的一顆鑽石，是人一生中最寶貴的資產。輕言失信於人，輕意流失誠信資源，非智者所為。誠信是人與之互動之無形價值，因此，欲保有誠信資產，「不做己所不能」。凡失信者，因己所不能，難以兌現於人所致。

誠信乃是漸次累積而成，但要摧毀它，只需瞬間，畫個不能實現的大餅，就足以令其受損。誠信受損，信用摧毀，來自於己之不能。漠視己之不能，造成誠信破產；或者求之

於人，涉入不及之領域，難以實現，致使消耗誠信。

　　禍來過於貪求，猶如鬼魅纏身，一波波纏繞，讓人脫不了身，造成誠信崩潰。外來敵人可以拒絕、抵抗，最怕潛在敵人，心魔作祟，令己掉入深淵，難脫煎熬吞噬。陰陽一線間，己「能與不能」作爲歷練選項，「能」則遂志以行，「言必行、行必果」累積誠信能量；「不能」則有所不爲，免得誠信受創，遺害難以善了。

　　有心律己以誠，誠信可以修復；有心律己以誠，心中鑽石可以重回聚寶盆。有心律己以誠，重拾心中一把尺，讓誠信這顆鑽石綻放光芒，袪除陰陽魔界的魔障。不貪不求選擇「能及、能成」之作爲，接受世代試練，終究有一天，能夠創造一番新天地。陰陽魔界本於一心，分道揚鑣愼於選擇，唯誠信對己，求諸於己，而能逢凶化吉，「比之自內，貞吉。」

第二爻　小象辭　象曰：比之自內，不自失也。

　　「六二」陰爻居陰位，得位，內卦之中，得中得正，事事在其位，持中以就道，「比之自內」反求諸己，檢討能力與需要，究竟與現實的差距，穩中紮根（指誠信），取信於人又能達成所願，利用超級比一比，自我評比，瞭解物我

差距，謀合理念建立互融共識，真心對待事物，虛心接納善見，取人之長補己之短，融合致中，事物與己得以謀得良善與成長。

優點與缺點總是形影伴隨，堅守誠信原則，反求諸己，打開心眼，化缺憾為優點，創新思維轉化觀念，展現執行魄力，累積誠信級數。誠信對己，誠信及物，無欲則剛，依理實踐，取信於人，反求諸己，律己誠信，不自失本性，運行一切，「比之自內，不自失也。」

「比之自內」，以身作則，誠信對己，內和外應（與九五正應）真心相待，堅守「誠信」原則，言而有物，行而有成，受人信任，取得信賴，而不自失立場之所為，「比之自內，不自失也。」

（一） 附加價值，真能一飛沖天。

企業主思量公司營運狀況，景氣低迷，令他煩惱不已，心有戚戚的想著：

「景氣差，假使能夠減少支出，一定能夠多出盈餘，為什麼要用這麼多員工？」剛好有一個員工，幫他整理文件，企業主詢問他的意見，他回答說：

「您說員工太多，不會吧！每一位員工就像機械上頭的螺絲，各有各的用處。如果，裁減員工，就等於捨棄賺錢工具，消息傳出去，公司誠信會受到損害，景氣好轉之時，老闆，請問您要到那裡找員工？」

「員工是替公司賺錢的尖兵。如果沒有員工，您不可能經營事業，享受到創業成就，因此，希望您，看在員工的辛勞，想想他們的好處，往後，幫您賺錢的還是這些員工。」

企業主，聽了，不禁汗顏，員工一路走過來，從無抱怨公司的不是，雖然，現在公司利潤盈餘少些，畢竟，公司是大家努力打拼的成就，應該與員工同進退，臉上不覺露出微笑，不裁員了。

危機亦是轉機處，勇敢面對處境，用心規畫，改造陋規，創新觀念，利用景氣谷底整理整頓，創造機會，產品誠信「信仰化」（建立品牌），提升附加價值，真能一飛沖天。成功者，總能在不利處境裡，「比之自內」反求諸己，創造形勢，轉化經營理念，「不自失」誠信，化危機為轉機，擴張事業版圖。

☯ 第三爻│爻辭 六三，比之匪人。

比卦（☵☷），「六三」下卦的上爻，陰居陽位，不得位（居其位，不得以進），與「上六」陰爻對陰爻無有對應，又處下卦之最，居「比與不比」之間，又無對應，而有所比非人之無奈。

選擇事業非中意的目標；選擇對象非共度一生的伴侶（六三未得上六允諾、回應），結果心有戚戚焉。事業想要一帆風順，但，目標不對有待商榷；婚姻想要美滿，對象不對有待斟酌，那可怎麼辦？放下偏執，調整思維重新思考，另覓好對象、好事業體，重新起步。

人生不如意者，十又八、九，不如意時，罪及自身，反躬修己。聖賢與愚昧不同之處，在於遷善補過之能力，聖者，總能在不如意時，調整步伐。人不怕錯，怕知錯不改，才是致命傷。知錯能改，不犯二過，保留誠信資源，建立自信而後信之於人；愚者，總在原地不知變通，逐漸喪失人家對他的信賴。

雖不能主導他人的不是，卻可選擇自己需要的對象，選擇自己要走的路、調整要改的觀念，調整要改的作為，一時不如己意，在於你的「心」，願或不願意，改變想法、觀念，若願，請明確告訴自己，錯了，就說我錯了，放下身

段，遷善改過，重啟思維，一念改變，有可能重寫婚姻、人生、事業的歷史。

（一）逝者已矣，來者可追。

人不是萬能，雖不能改變事實，卻可重選目標，改變觀念、想法，另起爐灶。事與願違帶來挫折難以順遂，智者總能從挫折中找出原因，發覺瑕疵，遷善改過，及時回頭，找回失落誠信。

「比之匪人」，人，難免有識人不清時，毋須太自責，或許不是人格、能力的問題。可以肯定的是，「誠信」不足，難以打動對方，只是，不知是對方誠信有問題，還是己之誠信不足以對，值得深究。

很多人，雖有百般能力、辦事績效，卻不受重用。記住，須要檢討的不是別人，而是自己。畢竟，你不是他，他不是你，只是不對調、不符品味，各有盤算，何妨，改變一下行事作風與觀念。如果，還是不能，怎麼辦？應該及時回頭，逝者已矣，來者可追，遇人不淑，識人不清，在所難免。急速調整選擇要走的路。

「比之匪人」，莫要心裡嘀咕，趕快採取補救方法，

「道不同」難以挽救，另起爐灶，這已經不是高不成、低不就的問題，而是對象沒有交集的問題，另覓對象重新再造才是正確想法、作爲。

第三爻　小象辭　象曰：比之匪人，不亦傷乎。

「六三」與「上六」皆陰爻，無有對應，亦即「比」之對象，未有回應，感傷在心，「比之匪人，不亦傷乎」。所遇非人」或對象不對，非心中所比之對象，花再多心血，亦難有所獲。逢此，該想一個問題，何以會如此，「比」強調貴在相知，相知又在「誠信」交集，即無「相知」又無「誠信」交集，所以有「比」之形態出現，要謹愼呀！以防「誠信」價值被濫用或利用。

「誠信」價值被濫用或利用，人家給一點好處，以爲衣食父母來了，出事了，有難了，則各自飛，「比之匪人」就是如此，讓人鬱悶在心，痛心疾首，可悲又可傷（上六，比之無首，眼高於頂，無視六三之存在，即然如此，何有誠信相交之情可言，隱喻識人不清、遇人不淑等）。

爾虞我詐的生活圈子，有好人也有壞人，切勿盲目互動，與之相比，否則，遭遇到披著誠信外衣的有心人士，利用人的愚信，訴之情感、投之於短利，誘惑不知情的人士上

，一旦沒有利用價值之時，難保不受其害或丟棄。誠信還是需要內涵的搭配，若有內涵，「誠信」者有可能成爲「愚信」者。

很多人之所以不能有所成就，太注重表面外相虛華，忽略內涵實質性，受虛有外相誘惑，對己失去誠信，雖擁有傲人的天賦，沒有「誠信」作基礎，就如浮萍無地立足，難以「立信」服人，亦無從發揮潛在能力。記住，眞正的成就，建立在己非在彼，要求自己，明天的誠信多於今天的誠信，紮根立基，以己之能耐，破除「比之匪人」迷魂陣，也就沒有「比之匪人，不亦傷乎」之疑慮。

（一）**男怕入錯行，女怕嫁錯郎。**

男怕入錯行，因能力不濟；女怕嫁錯郎，因識人不清或遇人不淑，「比之匪人」，須從根本解決，事實未定之前及時回頭，重新尋回春天。交往不在長短，而在誠信，誠心相交，何須在乎人長久？就怕，各有盤算，互相猜忌，交往久長，惘然還是惘然，惘然到疑心生暗鬼，無濟於事，感傷在心，「不亦傷乎。」

心有靈犀一點通，通在坦誠的心和包容的量，如眞如實在心靈通；話不投機，說了等於沒說，趕快放棄，非可以交

往的對象，「比之匪人」。

　　友誼、親情、婚姻、事業種種，「誠信」長期經營出來的價值。友誼沒有誠信，難以長久；親情沒有誠信，難以和諧；婚姻沒有誠信，難以圓滿；事業沒有誠信，難以成就。有損誠信之一切，該捨則捨、該修正則修正，因捨而有重覓機會，因修正而有完善境地，幡然醒悟讓人作出明確抉擇，不對的對象、目標，當下捨棄或立即修正，那麼，一路走來的挫折並非挫折，勇於遷善補過以破除「比之匪人」的疑慮，獲得誠信修復之另一機緣，累積更多不同層面的人、事、物處世經驗。

☯ 第四爻 | 爻辭 六四：外比之，貞吉。

　　比卦（☵☷），「六四」居於外卦，陰柔得正，正其貞節操守，上承九五之外比，獲得支持以得吉，「外比之，貞吉。」人與人互動，欲獲得他人肯定與支持，用事實證明，你是誠而有信之人，是值得交往的對象。

（一）事實證明，肯定自我。

　　某公司員工，一個被人忽視的小職員，在某次公司正要

舉行重大會議之際，他看到頂頭上司，急得滿頭大汗，慌張
的在找東西，原來，他把重要文件弄丟了。小職員看此情
景，知道是怎麼一回事，趕緊跑到資源回收桶，迅速找到一
批文件，交給上司，上司看了顯出微笑，說：「謝謝」，之
後，趕忙拿著資料開會去。

事後，上司詢問他，怎麼知道這份資料。他說：

「您有一個毛病，喜歡隨手丟棄東西，習慣成自然，總
有一天會出事。恰巧，公司有重要的主管會議，我想，您的
習慣又來了，就是這樣。」小職員，從此受到主管重視，主
管一路晉升，連帶他也升職，今已貴爲總經理的特助。

小職員，若沒有那一次機會，命運可能大不同，也因爲
那次機緣，拿出東西來，用事實證明，他的細心與責任感，
讓主管認定他的能力、才幹，因而改變他職場的命運，「外
比之，貞吉」。「貞」指的就是「細心與責任感」貞節操
守，因細心與責任感彌補主管的缺憾，讓他有機會與之互
補，雙方在需要與需求條件下，相得益彰達成共融結構。

「貞」在此爻言之，廣義言，達成共識或共鳴的條件，
爲之利益、名譽、意見等，視事物性質而定；大前提言之，
堅守己之所長、特性，爲之貞節操守，愼選對象與之相比，
相輔相成，得到好的結果，「外比之，貞吉」。

第四爻 **小象辭　象曰：外比于賢，以從上。**

　　心思如水，隨勢以趨，萬變不離其中，依地成形，心地成形何其不是如此，在於心，造化它的形體。怕的是，心無定形，無所適從；莫衷一是，無從定形；又怕的是，不知又裝懂，迷糊的做，愈做愈不懂，到最後完全變了樣，不成人形。

　　人不怕不知道，就怕不知當知，最後一無所知，不知可以學，學而知之。天下無完人，知恥近乎勇，「知之為知之，不知為不知，是知也」，勇於面對不知學而知之，千萬不要將「不知為不知」，當成眞知，那就不妙，一無所知，面對事物，何以成事立業？

　　甚多人，讀了這句話：「知之為知之，不知為不知，是知也。」，變成習慣性的搪塞語言，每逢不知不懂，隨口一應就是古有明訓，利用這句話作為迴避事實的藉口，讓人家頭痛得很。一個不知「外比于賢，以從上」，永遠難以成材，賢人在側，仍不知，不知還是不知，一無所知，還談什麼遠大抱負。「外比于賢」己之不能，求賢於外，求知以補短，「若水」謙卑就下以從善，隨時空變化而變化，靈通達變以從「上善」，「上善若水」至理，智者之所從。

（一）成功的最佳途徑

成功不能只看表面，忽略功成名就的內涵。腦海充滿美好願景，未能起而行，盡是吹捧成功者事蹟，與之何干？歲月一天天過去，想的是一回事，做的又是一回事，想努力，手足不聽使喚，動不了，君子動口不動手，成不了事。

機會來了，盡是想，夢醒了，什麼都不是，不知起而行，每天只知大喊：「我一定會成功」數遍數百遍，卻不肯動手實踐，結果，是一場白日夢。

夢想成真，要看那顆不定的心，如何籌謀。積極者，從夢想裡，定出目標、方向，起而行，讓夢想成真，從過往歷代聖賢、今之賢達吸納成功經驗，轉化為智慧之用，「外比于賢」，貫徹意志實踐作為，夢想成真，非不能。所以，未能實現，冷眼旁觀，動腦不動手，光想不做，是不可能完成夢想的：「以從上」萃取歷來成功人士的奮鬥過程，體會個中滋味，貫通為之應用。

欲為成功者，最佳途徑，「外比于賢」，跟隨成功者的腳步，吸收成功的方法，改造、創新貫通應用；「以從上」萃取歷來賢達創業立基的精神，從中吸納成功經驗，「知行」合一貫徹實踐，利用成功者之成功方法，造就成功的到來。

☯ 第五爻｜ 爻辭 九五，顯比，王用三驅失前禽，邑人不誡，吉。

比卦（☵☷），「九五」陽爻居陽位，得正位，上卦之中，處比卦之君位，在其位「得正又中」親比眾爻，不以邪魔外道親之，而以光明正大示之，謂之「顯比」。開誠佈公昭告天下，來者不拒、去者不留，展現王者氣度與胸襟。

古之君王，圍獵時以三面合圍，網開一面留一條後路，讓漏網野獸從中進退，進網者取之，出網者勿追，來者不拒，去者不追。隱喻君臣之間的相比之道，臣竭其忠誠，君廣納臣子之言，有利於國家前途與民生，用之；違背國家利益與損害民生，棄之。

朋友交往，修身誠意以待人，知己者，交以深；不認同己者，勿強求，聽其自然。凡事留餘地，遠近親疏，一律平等對待，沒有身份名位比較，暢所欲言，充分表達意見，疏通情感增進信任感，放下戒心和諧共處，「顯比，王用三驅失前禽，邑人不誡，吉」。

（一）「圓滿」與「完善」

求好心切，不是壞事，太過成了吹毛求疵，就不好。很

多人，執著自身看法與作法，非不好，忽略內心感受，則非善法。世界沒有絕對相同的東西或觀念，只有相容的東西或觀念，由始至終，從來沒有改變過。盡善盡美是人類追求的境界，「顯比」；環境變遷影響某些思維與作法，不盡然有相同看法，你認爲的好、美、善，別人就必須跟你一樣，那不是正確的。

多元化世界，打破男女分別歧視、也摒除貧富差距認知，多了一些疏通管道，讓各自盡其所能，揮灑各自領域專長，各自有各自的世界，「合則聚，不合則散」和諧在這時、空並存生活，來者不拒、去則不留，那是「天下太平，世界大同」圖騰，也是人類追求的夢想，吉也，「王用三驅失前禽，邑人不誡，吉」。

夢想歸夢想，夢想完美非不可，但不要過頭，適可而止，拿捏進退尺度，盡量做好本份，退而不受傷害，進有所獲，足矣！「圓滿」沒有什麼不好，但過分要求自身「圓滿」，也要求別人「完善」，太過要求，成了吹毛求疵就失去「圓滿」的意義。

偶爾，放鬆一下，網開一面對待自己，包容一些不是很完善的東西，「王用三驅失前禽，邑人不誡」；發覺不完善的存在，反能顯現「圓滿」的真實價值，「吉。」缺點的存在，才能突顯優點的可愛，毋須爲了不圓滿來呵責，也毋須

爲了不完善來嘆氣，解放了自己也消除互動戒心。

第五爻　小象辭　象曰：顯比之吉，位正中也。
　　　　　　　　　　　　舍逆取順，失前禽也。
　　　　　　　　　　　　邑人不誡，上使中也。

「九五」陽爻居陽位得正，居外卦之中，「又正且中」地位，位高權重，具有影響力的靈魂人物，乃眾人親附最佳對象，吉，「顯比之吉，位正中也」。

「九五」領導者，「公正、公平」寬容大量，不念舊惡，不溯既往，舍逆取順，擄獲人心，持中之道（公正、公平原則）權衡利害，「誠信」爲本摒除眾疑慮，眾人則能放下戒心與之親比，「舍逆取順，失前禽也，邑人不誡，上使中也」。

（一）平凡中的不凡友人

有個聚會，至少有數十人參加，是一個參訪工作。一個看似平凡的志工，正與一位老人家聊天，老人家的個性孤傲，從不與人長談，卻與他聊了好久。直到夜色昏暗，志工們也準備離去，臨行前孤傲老人家，當眾面前誇了這位志工，說志工的人好、有風度，有知識、有見地，不僅讓他心情愉快，而且收獲匪淺。

　　事實上，志工跟老人家談話，根本沒開幾次口，大部份時間都在聆聽老人家的陳述，讓老人家感覺受到尊重與關懷，「眞誠在心中顯露於外的眞情」感動老人家。志工以「公正、公平」心態（對老人家而言，志工是如此之人），聆聽老人家訴說的一切，造就志工在老人家的心目中的地位，有了無上至尊的位置，而願誠摯與之交，成爲老人家的心靈摯友，「顯比之吉，位正中也」。

　　眞心誠摯聆聽陳述的一切，使孤傲老人家，不排斥與之接觸，而願跨出第一步，脫離封塵世界，看看外面世界的陽光，「舍逆取順，失前禽也」。他帶給老人家是眞誠，解除老人家對他的戒心，使其願意與之交往，「邑人不誡，上使中也」。他所做的一切，讓人覺得他是一位平凡中不凡的人，絕非其他有形價值的東西，能與之相比。

　　這位平凡中不凡的志工，隨後叮嚀友人，說道：

　　「用關懷打開眞心，用雙手擁抱陽光，美好世界永遠在另一端，歡迎你們。世上只有關懷與愛，才能讓社會成爲一個沒有紛爭、沒有比較的世界，世間如能相親相愛相處，該有多好，拜拜，改天再見」，「顯比之吉，位正中也。舍逆取順，失前禽也，邑人不誡，上使中也。」境界應是如此吧！

☯ 第六爻｜爻辭 上六：比之无首，凶。

比卦（☵☷），「上六」比卦之末端，陰爻居陰位，雖是得位，然與「六三」皆陰爻無對應，意味什麼呢？

自以為高高在上，不願謙卑就下與人親比，也因意識形態的優越感，自以為是的偏執，無意中封殺別人的想法，讓人有種不受尊重的感覺，傲慢態度令人受不了，漸漸與之疏離。遇到自以為是又傲慢者，還是走為上策，免得自討沒趣。當然，這種人，時間久了，人家懶得理他，導致後來，沒有朋友甚至敵人也沒有，統統閃走了，「比之無首，凶」。

人之所以會使對方難以接納，源於自我滿足心態，促使意識高漲，我比人強，我比人行。說穿了，不過是個自戀狂，不理總行吧！反正又不缺你一個，消極抵制積極疏遠，最後，真的無人可比，造成「比之無首，凶」的境地。

欲取得先機，究竟有何方法？說穿了，與人相處，尊重對方，聆聽對方的心聲，即已取得先機優勢，天下最叫人成功的利器，莫過於真誠尊重與專注傾聽。

尊重與聆聽，看似簡單易行，真正做到這一點者，少之又少，很多人往往只看眼前景象，卻捨不得挪出心思，耐著

性子聆聽他人的心聲，總覺是在浪費時間，動不動打斷對方的話，不尊重對方的行止，只會讓人生厭，即使有機會再接觸，人家也不願意與之相交，「比之無首，凶」。

（一）比之无首的探討

他的傲慢令人苦惱，也令他陷入孤獨和痛苦的深淵裡，好不容易有人找他喝茶聊天。言語之中，他還是脫離不了意識枷鎖。自認學識與能力高人一等，處理事情不含糊。每次交辦事情，底下總是無法如期交差，只好自個兒忙，懶得跟屬下溝通，愈講愈激動，表情愈憤怒：

「屬下能力太差了，不得不善後，沒想到，他們，恩將仇報，捅我一刀。」

「事前，沒有跟他們，好好談一談嗎？」

「沒什麼好談的，事情交待好幾次，就是弄不好，多講幾句，他們還不高興呢？除了公事，還有什麼好談的，況且，我還是主管，應該是他們找我，那有上司找屬下的道理。」

「你一直都是這樣嗎？我想問的是，你有從心裡關心過

他們嗎？」他楞了一下，似乎打中他的心，讓他不覺自問：

「我有關懷過他們嗎？我有放過身段與之溝通嗎？」這個心中結似乎就在他心裡盤旋，那個人覺得機不可失，趁此機會解開他所以「比之无首」的迷思。

他告訴那位仁兄，不能夠適度改變傲慢個性，後果，值得憂慮。上司不信任，屬下不滿意，愈演愈烈，到時，上不通下不達，叫天，天不應，叫地，地不靈，走入死胡同裡，無人可比，無人可親附，真的凶也，「比之无首，凶」。

不懂得關懷別人，同樣人家也不會在意他的存在，久而久之，淡忘了這個人，最後，只有一個朋友，就是他自己。沒有人可以聊天，也沒有人可以商量，明亮世界，卻看不見自己的存在，豈不是很可悲嗎？「比之无首，凶」。真正可怕的敵人，不是別人正是自己，封閉自我阻絕通路，讓所有東西進不了心靈，比之无首之凶的元凶，就是自己那個不開竅的心靈。

第六爻　小象辭　象曰：比之无首，无所終也。

凡事總有個開始，互動必善於初始，以誠相待，心存誠

信親比者，不得善終者尚有之；無初始而有終，難也！有人為了優越感，不願付出真心與人交往，也不願意與人互動，鎖在優越意識裡，愛惜非真實的我，從不與人真誠相見，總掛著假面具跟人周旋，最後，剩下一幅假面具，無人與之比，實難能親比也，「比之无首，无所終也」。

所以「比之无首」，心房封塵之故，怨不得人。封塵心靈，拒絕與之溝通、協調，造就了孤僻特性。人還是要在群居互動下生存，不論喜或不喜歡，都要與人互動，至於善終與否，就要看比之初始，對象的選擇，慎選對象以誠相待，久而必有所獲；若是敷衍了事，膚淺交往，不過是點頭之交，談不上深交。

歷來成事立業，人際關係是很重要的活動，國與國，國與社會，社會與個人的交際，都是從互動過程，累積關係能量。當然互動過程，有種種狀況，矛盾、衝突在所難免。小至個人，見面三分情，固然不錯，沒有初次見面，那來往後發展，也不會有結局產生，「比之无首，无所終也」。

（一）解除比之无首的魔咒

交往不在於長久，本乎誠摯有信的心，心誠則靈，心有

靈犀一點通，知己就在前方，一見鍾情的男女情感就是如此。情感就是這麼微妙，沒有初始誠心難有共鳴，往往爲了區區小事，爭得面紅耳赤，比比皆是，雖近在眼前，心如天邊遠，難有交集。

沒有誠信的交往猶如「無首之交」，意識衝突時，各自爲守，意識高漲，拒絕與之溝通、協調，促成矛盾、衝突加劇。不能「以誠待人」，「知心」只是個名詞；不能「以誠待人」，「包容體諒」只是個妄想，沒有友人，只與虛僞、妄想相伴，一定很辛苦。

誠信是共識基礎的前哨，共識是解決矛盾、衝突的最佳辦法。夫妻抱著誠信接受對方，家庭就會變得幸福；生涯上抱著誠信，就會懂得接受現實。不論家庭、事業、生涯規畫，知其能與不能，誠信待己認眞思考，找到正確生涯路，投入事業人生，自有幸福、成功相隨相伴。一切，在於打開心房，謙卑就下，誠信以對，打開心房才能解除比之无首的魔咒。

第玖卦 —————————————————————

風天小畜 巽上乾下

第玖卦
風天小畜 巽上乾下

第**一**章| **卦辭　彖辭**

第一節　卦辭

小畜，亨。密雲不雨，自我西郊。

　　風天小畜（☰☴），下卦乾，上卦巽，陽多陰少；只有
「六四」是陰爻，其他都是陽爻，下卦乾為天，上卦巽為
風，風在天上吹，雲在風傳媒帶動進行活動（凝聚能量活
動），由小至大、由少至多，不息活動蓄積能量，看似濃雲
密佈，暫時無下雨現象，因能量尚有不足之故，「密雲不
雨，自我西郊」。一旦，能量充沛，時機成熟，雲行雨施，
亨行天下，「小畜，亨。」

　　陽大陰小，陽盛陰衰，只有「六四」是陰爻，「一陰」
蓄養「五陽」，力量尚弱，不是不想有所為，能力不足尚待

加強，反躬修己進德修業，充實自我善待時機之來，「密雲不雨，自我西郊」。

「畜」含「養與止」意涵；「小」者，能量由小漸畜以成大。正值風雲湧現，欲成大事，自立自強，用心學習，由「小」積少成多以至「大」，「時畜、時止」充沛能量，時機到，果實會如雨般，從天而降，亨通天下，「小畜，亨」。

天之道及於人之道，內卦乾，德行是「健」，象徵心思不息活動；外卦巽，德行是「入」，象徵深入事物活動，心思透過不息洗鍊，深入事物內涵之中，反覆充實蓄積能量，成就事物大道，亨通世上、天下。

古之科舉，「十年寒窗無人知」自強不息進德修業，內涵足、才能夠，金榜題名時，「一舉成名天下知」，亨通天下眾人知，「小畜，亨。」今之所以未能榜上題名，自我能力尚有不足，內涵有待加強，似密雲所以不雨，自我（指雲的能量）西郊（充沛成雨，尚有一段距離）。

理想抱負非急促可成，之所以未能實現，能量、能力尚有不足之故。能為、能做，砥礪心志，反躬修己，補充能量、能力，一旦充沛，因緣際會，時機成熟，理想抱負實踐成真，不遠矣！故而「密雲不雨，自我西郊」，非不為，而

是緊鑼密鼓補其不足，反躬修己進德修業，完善理想抱負配套程序、措施，時機成熟，理想抱負就會如心所願，由小至大亨通實現，「畜，小亨」。

（一）以小畜大，得天下民心。

此爻爻辭，商、周時期，周文王所著，若從時代背景來作探討，較易理解。昔之周文王，居於商朝之西的歧山（自我西效之隱喻），以仁政教化人民，點滴積累功績而擁有天下三有其二的民心，時機成熟，實力充沛，創建周朝，亨通世間八百餘年，「小畜，亨」。

周文王雖擁有天下三有其二民心，本可一舉正義之師，將之成擒，但商紂暴政尚未至引爆點，強勢而為，付出的代價太大，牽連層面太廣，恐傷及無辜，因而忍辱負重暫且不為，寧在歧山推行仁政，累積民心厚植政治實力，「密雲不雨，自我西郊」（等待時機之意，意即地利、人和，尚須天時的配合）。若非大智者，誰能為之，民心在歲月流轉中積累，默默為周朝奠定深厚力量，打造周朝天下。環顧歷史的現在，讓人們體認到這位智者，運用「小畜」精神，深植民心，奠定周朝八百餘年曠世基業的智慧。

浮雲隨風在天空流動，由小到大、由少至多，漸次聚集

形成厚厚雲層，能量充沛，足以成事，亨了，下起雨來「小畜，亨」。人生歷練，何嘗不是如此，每日，小小儲存，積沙成塔，久而成就見識、智慧，充沛能力、才能，足以濟世，亨了，成家立業。

人，不要妄自菲薄，小小一片雲，亦有成雲降雨時；一片丹心，有決心、有耐心，那怕是點滴微量蓄積歷練，精益求精（內德）充實自我（外之懿行），無畏風雨飄搖，接受洗鍊，化經驗爲養分，化歷練爲智慧，終將造就事物，打下心中所願的一片天。

（二）「小畜」的小，是成就大事的基礎。

每一次的世代交替，都要面臨新舊交替的挑戰，那是人生旅程另一峰的高起。舊的延續，新的發展，匯集一脈相承的傳承結晶。延續相承是人類所以能夠進化的動力，貫穿過去，擷取經驗爲今之師承，以爲未來開拓基業的動能，今之所蓄是爲未來所積。

日積月累的淬取爲小畜精神意涵，每天儲存，每天點滴進步，終有能量充沛時，時機成熟，能量足夠，欲完成理想創造天地，指日可待。

「小畜」卦的小，莫忽視它的小，它是成就大事的基礎，是科學家必備要件與精神，實事求是基本要訣。實事求是者，從細小微末發覺通天大道之成因，深知答案就在問題本身的「為什麼」？一個、二個、以致於無數的為什麼，「反復其道」自我反問，主動發覺問題，積極解開疑惑，累積知識、能力，直到撥雲見日的一天，解決問題，「為什麼」已成科學演繹結晶。（是產品、是法則、是規律，亦或是人生價值等等。）

　　有志君子們，成功是日積月累充實而來，相信，利用現在，充實知識，累積能量，終有一天，完成理想、抱負實現。「小畜」是為未來鋪陳資源的前哨站，是為未來儲存成長的後備力量。

　　雨停了，不代表結束，而是下一次蓄積的開始，是另一次浮雲人生再造的起點。行行復行行，雲之初，點滴積累，積久了，能量充沛，興雲佈雨，時機成熟，雨還是要下來的，雖然，雲現在還在天上任風搖移，只要不懈努力，不久的將來，可以看到它（指成果：雨、績效或其他等等）的降臨，「小畜，亨。密雲不雨，自我西郊」。

第二節　彖辭

　　彖曰：小畜，柔得位而上下應之，曰小畜。健而巽，剛中而志行，乃亨。密雲不雨，尙也。自我西郊，施未行也。

　　風天小畜（☰☴），「六四」陰爻居陰位，得位，一陰五陽，只有「六四」是陰爻，以一陰畜五陽，陰陽相應，故曰「小畜，柔得位而上下應之。」小畜前面已述，這裡不再詳解，我們，不妨以另類方式意會。

　　山上一棵大樹，生長在土地公旁邊，高而茂盛，每逢假日節慶，香客提著供品上香膜拜，不論男女老幼，上香後，總喜歡在樹下納涼聊天，都稱它爲「神樹」；另一棵樹則在大馬路中央，同樣也是長得高而茂盛，它沒那麼幸運，屢屢出交通事故，爲了安全，附近居民，決定選個日子，將它砍伐。一個得位；一個不得位，位置與立場差異，命運迥然不同，對小畜而言，「得與不得」位是很重要的。

（一）得位才能成事

　　不在其位不謀其政，縱使有萬般才能，想貢獻心力造福周遭，不得其位就如被砍伐之大樹，阻礙某些利益者之權益，易遭封殺出局的命運。很多社會現象，即便不公、不平

想要平反，因為不是司法人員，無權也無能判定事證之有效性，沒有事證狀況下，縱使充滿正義感，挺身而出，一個不小心，被反咬一口，就是「不得位」，沒有足夠立場處理不屬於位置的事宜。

法官或檢調單位，就不同了，站在法庭位置上，擁有國家授予之權力，針對案件展開調查，縝密詢問案情，甚至在權責範圍許可之下，會同相關單位，一同辦案，從蛛絲馬跡裡發覺線索、掌握新事證，還原真相，還給當事者清白，給予不肖者定罪。

司法人員，因「得位」，上得國家賦予之公權力，下得人民愛戴，法律之前人人平等原則下，得以深入案情不息展開調查，從案情中一點一滴事證裡，抽絲剝繭釐清疑點，讓案件昭雪大白，還事物一個公道，亨通法律公正原則、尊嚴，「小畜，柔得位而上下應之，曰小畜。健而巽，剛中而志行，乃亨」。

罪證尚不足、時機不成熟之際，仍須努力，繼續追，努力查證，做到勿枉勿縱，不讓宵小消遙法外。很多案件，不是不結案，也不是不予定罪，而是等待事證佐證，得到完善確認，否則是不能草草結案的，「密雲不雨，尚也。自我西郊，施未行也」。罪證昭然若揭之時，正是罪犯判刑認罪時，亦是還受冤曲者清白之日。

第二章｜大象辭

象曰：風行天上，小畜；君子以懿文德。

　　風天小畜（☰☴），下卦乾爲天，上卦巽爲風，風在天上吹，「風行天上」，鼓動濃雲密佈聚散，降雨尚未成功，仍須努力醞釀能量以爲繼，「小畜」。「懿」是美，「文德」指人的「內涵與品德」。

　　君子應當效法「小畜」的精神，事尚未成功，仍須努力，由小至大，由少至多，繼而不斷充實「才能與品德」（勤於進德修業之意），「小畜；君子以懿文德。」從小處著手，一點一滴地累積能量，「以小畜大」精神，兼併經營理念與改善觀念雙修，創造新構思（如周文王，創造蓄積人心的方法，民心爲導向，施仁政凝民心），止而不息運作，打造一輪又一輪人生事業到彼岸理想國度（周朝建立）。

（一）風起雲湧的態度

　　風起雲湧是另一高峰的開始，亦是機會乍現的一道曙光，而有創造機會、掌握機會及喪失機會三種境遇，結果大不同。

（一）第一流人才是創造機會者，具有前瞻性遠光，爲未來前景預謀對策，儲備能量。

（二）第二流人才是掌握機會者，設法解決當前事物，絕後患繼未來之發展鋪陳基石。

（三）第三流人才是喪失機會者，將到來機會留到後頭以致喪失處理時機。

　　明天會更好，不是口號，是能在風起雲湧中，創造機會、掌握機會、留住機會，積極把握當前，樂觀中創新構思，悲觀中切入時機，蓄積能量，解決問題，亨通心志，展現成果。一時不能，君子，慎重態度，「以小畜大」充實能量，進德修業「以懿文德」，機緣一到，把握風起雲湧的機會，兌現諾言，實現理想。

（二）**安定中求發展，發展中求抱負。**

　　青年學子踏出校門，面臨就業壓力與工作性質的抉擇。好些人忙著找工作，找到了待不久，隔一段時間，換工作也換老闆，沒有穩定過，回頭一看，已經虛度好多歲月，仍無所成。因此，告誡孩子們，別漫無目標騎驢找馬，非上策，雖暫解失業之急，但，事業前景在何方？人生前途在那裡？

堪憂呀！

安定工作中求發展，不要老換工作，無根浮萍立不了足。不禁，讓人想起「小畜，柔得位而上下應之」至理名言。

理想抱負首重目標擬定，「小畜」的精神意涵，先得位（得到工作的位置），修持好分內工作的「能力與內涵」（以懿文德），解決當前需求，行有餘力而後行文，隨能力充沛，開發前景，創造機會、掌握機會。

工作無慮，安定心思，汲取人情世故，練就相處之道，承上啓下充沛能量(信任、信賴)，得其人和，而後天時、地利的擴張，以致「天時、地利、人和」三才聚合，「小畜，柔得位而上下應之」，何愁事業不成、人生不順。

奉勸君子們，做人要務實，勿要天馬行空，騎了一匹不實際的天馬，摔下來會讓人痛不欲生。「安定中求發展，發展中求抱負」，「得其位」以求安定，安定中確立目標，「以懿文德」厚植實力，建立理想圖騰，展現「小畜」能力，讓周邊伙伴上下一致認同實力展現，抱負和理想就不會是流於空論，做一個吻合「以懿文德」品德兼備的知識分子。

第**三**章｜ **爻辭、小象辭**

第一爻｜ 爻辭 初九：復自道，
何其咎，吉。

風天小畜（☴☰），「初九」陽爻居陽位，得位，陽剛主進，與「六四」正應，乃得天獨厚。

談到此，先釐清一些觀念，再論「復自道」。以風（指傳媒，巽為風）、雲（指民心思向，六四也），天（下卦天，指天下，乾為天）三者間的關係看待「復自道」意涵，會來得易理解些。

商紂淫荒無度，施政無道，造成天下蒼生百姓，深陷水深火熱之中，此一施政之風（指傳媒），令周文王深以為戒，故而居於商朝之西的歧山（自我西效之隱喻），以仁政教化人民，點滴積累功績而擁有天下三有其二的民心（指六四，民心思向），時機成熟，實力充沛，創建周朝天下。

「小畜」卦之初，周文王居「初九」之位之時，天下民心為導向（六四指民心所向），施仁政得民心（「初九」與「六四」正應，表徵甚得民心），這一切歸功於「復自道」

省思，反覆思其民心之所向，「民之所欲，長在我心」爲己施政之道，「復自道」。不善的施政方針，重新檢討反覆檢視，又有何不對，「何其咎」，遷善改過虜獲人心，「吉」。

從失敗中的風傳媒（訊息中的內涵）蓄積成功經驗，用成功方法打敗失敗，反覆成功經驗複製以成道之用，又有何咎，令人生、事業愈墊愈高，吉，值得高興，「復自道，何其咎，吉」。

（一）成功者與失敗者的區別

善心人士與一年輕人，偶遇下，聊起天。年輕人家境貧困，有夢想，想創業，善心人士知其處境，願助他圓夢創業。臨行前，善心人再三吩咐，務實經營事業，言明二年之後，驗收成果，希望他有一番成就。

年輕人滿懷希望，開家商品店，每日現金進帳，讓他覺得生意似乎沒有想像中困難，忘了善心人士吩咐，接著，做些投機生意，心猿意馬動凡心，破壞約定。

第一筆投機生意，賺了一些財富，接下來並不順遂，資金一筆筆投入，像丟入海裡，「噗通」，不見了。年輕人心

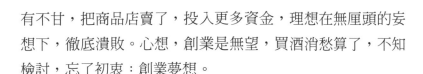

有不甘，把商品店賣了，投入更多資金，理想在無厘頭的妄想下，徹底潰敗。心想，創業是無望，買酒消愁算了，不知檢討，忘了初衷：創業夢想。

很快地，二年過去了，善心人士如約前來，知他已失敗，還委婉規勸說道：

「失敗並不可恥，重要的是，你在失敗過程中，得到什麼？」之後，善心人士，用凝重語氣告訴他，說道：

「成功者，想辦法解決問題；失敗者，找藉口逃避問題，這是成功者與失敗者的區別，切記！」善心人士告誡完，隨後走了，年輕人心存感激看著他的背影。若干年後，一位事業有成的企業家，將這一段歷練反覆思忖銘記在心，為之成就事業座右銘，吉也，「復自道，何其咎，吉」。

第一爻　小象辭　象曰：復自道，其義吉也。

雲有聚合離散，事有暗昧明清，事無論大、小，有其規律脈絡為依，復自道（反復心中道）與規律脈絡之差異，遷善改過適度修正，反躬修己以就善為之「義理」之用，吉也，「復自道，其義吉也」。

　　問題之生，有其因由，捫心自問知其原委嗎？如果答案是否，請回頭多思量，了然脈絡還原眞相，回歸「道」之本然，再言其他，這就是「復自道」。

　　問題之生，冷靜處之，反躬自省，錯在何處？尋其脈絡究其問題，知其不善不犯二過，乃「復自道」義理之門。舉凡，問題之生，貴在「自道」以修，改過遷善，「其義吉也」。「復自道」義理之吉，返樸歸眞識本然，從而創造人生價值，造就精神之永在。

（一）小細節大道理

　　荒蕪已久的房子，院子一片雜亂，主人拿起掃把，清理環境，唯院子裡的花草樹木，卻是按兵不動，讓人不解。正值冬天之際，友人思不得其由，爲何不把花草樹木，清理一下，氣氛會更好。朋友勸他，他只講一句話：

　　「我之所以保留某些部份，以後，你們自會瞭解我的用意。」

　　春天來了，院子裡，開了五顏六色的花，令人心曠神怡；到了夏天，叢叢植物被裁剪，成了有型盆栽，令人讚嘆不已；到了秋天，有黃、有綠、有紅的樹葉，更是美不可

言。到了次一個冬天，主人知道哪些該留、該除，這就是當初，他要告訴友人的用意和驚喜。

　　院子主人，在事情未明究竟前，不輕意出手，這也是他，人生、事業一帆風順的原因。花草樹木不可能一年到頭，開花結果；事業也不可能永遠一帆風順，唯有了然事情的本質和問題，明確裁定，利弊取捨，才得趨吉以向善。

　　「復自道」事未清、理未明，反躬自省復其道回歸本源，找出癥結，該丟則丟，該充電要充電，等待能力充沛，條件成熟，著意運作而能有成。不論為人處世，深解「復自道」意趣，對人生只有好處，小細節大道理就在「復自道」中孕育其理，向善發展，吉，「其義吉也」。

☯ 第二爻│爻辭 九二：牽復，吉。

　　風天小畜（☴☰），「九二」陽爻居陰位，不得正位，居下卦之中，四季按照自然規律有一定循環，春、夏、秋、冬周而復始運行，不失序。事事、經驗，有條不紊剛中而志行（九二居下卦之中），依道而志行（依道而志行，就是「牽復」，順道以牽復其行，亦如春、夏、秋、冬周而復始運行），好還是不好，當然好，那就對了，給它一個

「吉」。（周文王施仁政，「仁道」以牽，各方諸侯前來投靠，有志一同，而有周朝基業之奠定，吉。）

「牽復」凡事都有個規律順序，失去的終將回復，道之為守為依，順道以牽復其行，不犯二過，用心檢視心中道以就大道之行，「心身合一」向善發展，積蓄多一點正確思維，用純眞本來面目對待人生、事業，迷途知返，回歸初始，清澈、理性面對世事，不犯二過，對往後前途反而是好的，成熟的，智慧長多了，做起事情就順利多了，給個評分，「吉」。

（一）以不變應萬變

兩位年輕人，前面年輕人勤奮工作，而後面年輕人，有事沒事就偷個懶。老闆看到前面的年輕人，把工作做好，隨手一招，等一下，將這裡的東西搬到外面，只聽到，「好，沒問題」。

後面年輕人對前面的年輕人說道：

「你啊！勤奮工作，老闆只會給你更多工作，薪水一樣，汗可是白流。」前面年輕人，不因煽動改變心意，一本往常勤奮工作，直到有一天，老闆將他們找來，說道：

「最近景氣不好，為了節省成本，你們兩個，我只能留下一人。」勤奮的年輕人就給留了下來，那個自以為聰明的年輕人，失業了。

勤奮者秉持勤奮習慣，真誠將本分做好，不因外在因素改變本性，「牽復」勤奮之道，作為己所從之原則，成為他人願與之為友、為夥伴的靈魂人物，「牽復，吉」，危機之中，為己留下生存本錢，「不變應萬變」造就善的習性、習慣，是世界上最寶貴的財富，終生受用不盡的無形資產。

第二爻 **小象辭　象曰：牽復在中，**
　　　　　　　　　　　亦不自失也。

「牽」是攜手的意思，個人言之，心身牽引相互扶持；下卦的「三」個陽爻，乃是志同道合的朋友，攜手前進的伙伴，「九二」愈來愈接近「六四」位置，中間夾雜著矛盾與衝突的橫隔，形成阻力愈來愈大。

「九二」居下卦的中位，與「初九」攜手合作（或秉持初衷，順原意而行，不改其志），然，因局勢渾沌不明，為了保留實力，暫且回到原來位置（回歸原根據地或初衷原

意），致力耕耘（本業或民心）以蓄能量，等待時機。周文王在歧山，因天下局勢渾沌，回到故居歧山，推行仁政，不失民胞物與的初衷，深耕民心。

商紂荒淫無度，暴虐天下蒼生，周文王心繫社稷老百姓，以天下福祉爲己任，以天下蒼生爲念，不以商紂爲伍，甚至被囚禁，作階下囚，亦未能改變其心志。

周文王歷經滄桑，仍一本初衷愛民如子，而能得天下三有其二的民心，由始至終從來沒有失去立場，回到歧山，盡力照顧老百姓，最後得天下，創建周朝，這是周文王一本「仁義」，悲天憫人所得的回報。周文王從不因困頓、挫折，抹滅心中仁義，心中那盞明燈照亮自己也照亮別人，不因滄桑人生，失去本性，也是所言的「牽復在中，亦不自失也」。

（一）不改其志，體恤人心。

身居要職官員、聲名顯赫政商名流或販夫走卒，原本都有一顆誠摯的真心，怎奈權勢欲望金錢利益，如影隨形蠶食心靈，促使某些人意志不堅、心性不定，誠摯真心蒙了塵埃，變了質，讓世上善惡、好壞有了分野。

牽復，心身牽連反復修持，高尚其志，明其所爲，明其所交（良師益友），明其所居（位置與立場），身處其中眞誠相待，「不自失」體恤、關懷感性牽動情感互通，氣氛和諧，攜手合作，共赴前程，故而吉，「牽復在中，亦不自失也」。周文王不自失本性，「仁政」牽復各方諸侯來歸，打造周朝天下。

　　牽復過程，希望人們不自失本性反躬修己，回復原本初衷，正其心志，回歸正道以行。無論事業、人生善用「牽復」，推升人性向善發展，體恤人心關懷人群，社會必然安定和諧，世界必能和平相處。

🌀 第三爻│爻辭 九三：輿說輻，夫妻反目。

　　說，脫落也；輿說輻，指大車輪脫落。風天小畜（☴☰），「九三」陽爻居陽位，得位，性屬剛強，主進身居下卦最上爻，容易犯一個毛病，急於求成，導致難以協調而破局（硬勢而爲之故），就像車子，走在坎坷不平的道路上，急於到達目的地，硬勢加快速度，致使軸心扭曲，車輪脫離，就像夫妻不能同心，意見不同各自強硬，因而反目造成口角。

　　「九三」之難，執意銳進，像駕車一般，急速前進，顧不得後果，結果，造成內外不一，南轅北轍，紛爭不止，意見不合，就似車軸與車輪分離，車輪飛了出去，嚇得身旁的人，臉色發白，引發風波，反目成仇，翻臉以對。

　　「九三」急於求進，易受迷惑，失去理性，導致「離經叛道」脫軌而行，發現事態有問題，已受其牽制，如曹操挾天子以令諸侯（天子者，只急於求名位，導致旁權大落），悔之晚矣；又如領導者，急於掌位，寵信至親、部屬，任其狐假虎威專橫辦事，造成領導者顏面受損，威信難以伸張，促使領導者與底下部屬，間隙擴大意見分歧，形成南轅北轍之局面等等。

（一）吃虧在眼前

　　年輕人做事業，長輩好意傳授經驗與技術，結果，嫌長輩想法與作法太古板，太過保守，聽是聽了，當耳邊風，問到有聽到嗎？

　　「有」的一聲，就沒下聞。長輩臨行前，還特別交待，做事，「誠信」為本，實際點好。做事業，信用第一，不可為圖利益，急於求成，破壞行情。

怎奈，聽是聽了，沒那個記性。做出來的東西，不是這邊壞，就是那邊欠，不知如何是好？宛如車輪與車心各走一邊，年輕夫妻倆為了事業，每天吵個不停，這就是不聽老人言，吃虧在眼前的苦果，「輿說輻，夫妻反目」。

第三爻 小象辭　象曰：夫妻反目，不能正室也。

經過法定程序的明文夫妻，怎麼來個反目，變成不能正室的夫妻，這還得了，要是夫妻，偶生口角，來個「夫妻反目，不能正室也」，你非我夫，我非你妻，胡亂解讀，亂了綱常，就不好。「不能正室」隱喻都想做老大，不願居小，為了家中地位之大小，產生了「夫妻反目」，翻臉不認人的劇情，了解了嗎？

家庭背景不同的兩個人，組織新家庭想達到和諧共處，非易事。夫妻之所以反目，心不在彼，不管大小事，你講你的道，我唱我的調，觀念差異，協調不足，各居老大心態沒有交集。一時的不在彼，可以體諒，長久的不在彼，那就危險，一旦，尊重不在，默契不存，前面紅燈等著，不太好。

五百年修得共枕眠，能做夫妻是緣，結婚成家，不論外頭多累，回到家，心情放鬆，家是最佳的避風港。最怕的

是，家不像家，共處一室，心不在家，你忙你的活，我做我
的事，無心經營這個家，不懂得尊重，只有夫妻之名，無夫
妻之情，「夫妻反目，不能正室也」是也（室有視之意）。
無有關懷、包容與尊重，事情來臨，冷眼旁觀，白眼相看，
大難來時各自飛，可悲。何不今生修好緣，互相尊重，大家
都一樣大（平起平坐無尊卑），相信就不會反目成仇，珍惜
今生吧！

（一）保養你的觀念

　　「夫妻反目，不能正室也」，狹義言之，夫妻反目的原
因，在於不能正視彼此正統的地位，妻，非妻的地位；夫，
非夫的地位，尊重不夠，導致不能相融；廣義言之，外在力
量永遠在個人之上，不尊重趨勢硬要主導趨勢，想要做大主
導形勢，促使觀念與外在趨勢相違背，導致想法、做法難以
共容，走樣了，不是原有做法，以致付出代價，反目成仇。
因此，想法、做法與外在趨勢不協調，莫急求成，「忍」為
上策，相忍為謀，包容、尊重順應趨勢，予之協商。

　　一室之不治，何以天下國家為，家都治理不好了，何以
成大事。親不親夫妻最親，除了坦陳相見，內心真誠更重
要。內外如一相互尊重，化解反目有事好參詳，我包容你的
看法，你容忍我的意見，修身齊家共處一室，家和萬事興，

做一對好夫妻。

記住，防止車輪脫落的方法，注意車輛保養，隨時調整軸心與車輪互動，就如做人一樣，不論大、小互相尊重、包容，相忍爲謀，尊重彼此保養觀念。

第四爻│ 爻辭 六四：有孚，血去惕出，无咎。

風天小畜（☴☰），「六四」陰爻居陰位，得位，唯一的陰爻，一陰畜五陽，爲衆陽爻欲應對象，故曰「柔得位而上下應之。」

由內至外，居「六四」之位，乃衆人所要對應之對象。周文王行仁政，以文德收服民心，三分天下有其二的民心歸向文王，雖然他不是天子，但由於商紂暴虐無道，弄得民不聊生，因此，除內之庶民百姓及於外之公侯、文武百官，莫不向周文王投誠，奠定文王的後代，武王克商，建立周朝八百多年的基業。

有史以來，功高震主引來殺生之禍的例子，歷歷在目，

「得位、得民心」之際，不要忘了，上頭還有人，愈是險峻，愈要小心謹愼，周文王在商紂無道，仍免不了被商紂，囚禁於羑里，文王聲望如此高，尙且有此境遇，況是一般人。

險峻的時代，戒愼戒懼，謙順待人處物，凡事低調，不可自恃其有，更不可自恃其高，不要忘了，「天外有天、人外有人」（指九五），否則，稍有不愼，摔下來，難看！身居「六四」高位或層峰，「有孚」誠信待人，如歃血爲盟，誠心對待盟友，言出必行，行必有果，惕出疑慮，獲得眾人信賴，無後顧之憂，無咎其所行，「血去惕出，無咎」。

（一）**熱誠、信譽與智慧，相得益彰。**

年邁父親語重心長告誡子女，說道：

「人生、事業欲成，記住三個要訣，熱誠相待、信譽立人與智慧爲用。」子女問道：

「什麼叫熱誠相待、信譽立人呢？」

「跟人交往，眞誠相待，無有身份高低之分，贏得眞心。承諾的事，言出必行，獲得信譽。」

「什麼叫智慧爲用呢？」

「做不到的，不要輕意許下承諾。」

　　熱誠相待、信譽立人與智慧爲用，靈活應用相得益彰，惕出不利因素，無後顧之憂，自無過失，「有孚，血去惕出，無咎」。

　　劇中故事，告訴我們，信譽立人，許下承諾，應該兌現，不因利益，失信於人；智慧爲用，理性判斷，詳加審核，制止失信發生；熱誠待人，讓人感動，惕除戒心，與之相交，「血去惕出，無咎」，承諾得以兌現，信用得以建立，智慧爲用戒不虞，人生、事業在「有孚」裡發揚光大，人生、事業欲成，指日可待。

第四爻　小象辭　象曰：有孚惕出，上合志也。

　　「六四」上承九五，「九五」掌握生殺大權，沒有得到同意認可，所做一切，必然失去正當性，誠摯與上請示，獲得上級指示，排除疑慮，運作事宜而無慮。若是，不得上意，恐惹禍災上門，不得不愼！

（一）危機中創造轉機的生存條件

受到金融風暴衝擊，企業經營出現缺口，為了生存與利潤，決定裁撤非技術人員，以縮減人事成本。

裁撤漸近之際，所有員工提出陳情書，願意減薪與公司共度難關。老闆考慮再三衡量，決定不裁員，至於薪資部分，等公司運營正常後，予以補償，獲得全體員工鼓掌附議，老闆感性在公司門口，貼了一張海報，上面寫著：

「你們為我著想，我為你們加油！」

員工上、下班看到「你們為我著想，我為你們加油！」這十二字真言，內心升起一股熱情，願為公司打拼，也為自身奮鬥，員工受到老闆尊重，老闆體會員工忠心，尊重與忠心互動之下，公司活動更有朝氣，有志一同努力開創，成了市場中，異軍突起的精英，營運盈利倍增，員工分紅比往還要豐碩。

員工誠摯的心感動老闆，員工的心意獲得上層認同，化解公司企業主對人事支出的恐懼，因而化解裁員風暴，建立互融有利措施的基礎，志同道合創造條件，從危機中創造轉機，打造雙贏局面，「有孚惕出，上合志也」。

💮 第五爻｜爻辭 九五：有孚攣如，富以其鄰。

風大小畜（☴☰），「健而巽，剛中而志行，乃亨。」針對「九五」而言（九二之剛中，持中道以行，使其致中；九五之剛中，陽爻得位之正又居上卦之中，志正剛中，行之泰然），陽爻居陽位，在外卦之中故謂「剛中」，九五為至尊位或領導者。「健而巽，剛中而志行，乃亨。」象辭前已述，於此不加贅述。

領導者與底下部屬，相處之道應如手足，緊密相連、唇齒相依，上層有好處施惠於下，部屬心存感激與之生為其死，湧泉以報，忠心耿耿跟隨領導者。執政領導階層，施惠於民，讓老百姓過好日子，幫忙解決民生問題，得民心穩固領導地位。「有孚攣如，富以其鄰」隱喻民富國強的思想。

昔之漢朝開國君主劉邦，能夠推翻秦朝打敗項羽，建立漢朝，做到「有孚攣如，富以其鄰」的境地。有功分享、有福同享，吸收志同道合的智士賢達前來襄助，明確法令取信於民，有功則施恩部屬，所有參與行動者，受其感召，無不心甘情願追隨劉邦，同生共死，有難同當，打下漢朝基業。

（一）有福同享

「富以其鄰」，「有福同享」概念引伸，利益爲共業基礎，凝聚向心力，拉攏相關人員，因利益共享原則，願與之磋商，心手相連共創新世代。

利己又及於他人蒙受其利，乃「富以其鄰」互利互惠精神，不但提供雙贏思維，作爲指導原則，透過互惠機制利益共享，建立互信基礎，攜手合作，達成互利原則，共享成果，「有孚攣如」。

富有之人，絕不因犧牲一點利益，有所不捨，反是利益最大獲利者，做大事者當擁有成功不必在我的胸襟，捨己部分利益，濟眾人得人心，取之於人、用之於人，得到大回收，亦是擄獲人心最好的方法。

擄獲人心，莫過於利益分享，得其無盡附加價直，雖犧牲某些既得利益，分享於人，換來眞摯對待，爭取更多動能與支持，促進延而不息，有福同享概念，帶動共襄盛舉、建功立業動能，創造更多利益，嘉惠更多人。

（二）最大贏家

利益共享觀念逐漸在企業蔓延，企業、公司或團體機構

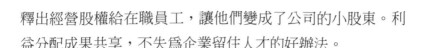

釋出經營股權給在職員工，讓他們變成了公司的小股東。利益分配成果共享，不失爲企業留住人才的好辦法。

人往高處爬，那裡有好發展、好利益，就往那裡去，身爲領導階層必須體認這點，道德勸說，非不能，但，非長久之計，老祖宗明白這個道理，故而以「富以其鄰」開宗明義，訴之後世，利益分享，親身感受，是建立互信機制最大的支柱，這個理念，是人性不可抹滅的共利思想，唯有利益分享概念，經營人生事業，才能持久。

利之所在而能同心協力，上下一心榮辱與共，創造前景，不分你我，守緊利益，命運共同體之好、壞，關係共同利益之成果，當然要努力，公司利益也是他們的利益，所有參與者，心連心、手牽手，願爲命運共同體打拼，亦是「有孚攣如」共享利益的概念。

第五爻　小象辭　象曰：有孚攣如，不獨富也。

「有孚攣如」，兄弟同心，利可斷金，攣如就像兄弟手足，手牽手、心連心，內外如一共赴前程的情景；「不獨富」利益不自佔有，有福同享，利益分享。怕的是，各有盤算心懷鬼胎，虛情假意利害權衡，利益獨自享，有難眾人擔，一旦遭遇困境，沒有朋友，亦無人伸出援手，處境如

何？堪慮。

綜觀歷史，商紂擁有最高權力，身為領導者，貪圖享
樂，不顧老百姓民生，暴政統治天下，生靈塗炭，民不聊
生，何能得民心，當然危及他的王朝，蠶食他的領導地位。
紂王獨厚享樂，圍繞身邊佞臣，有樣學樣，為富不仁心態，
剝削人民血汗，向上奉承，求得高官厚祿，虛與委蛇，造成
內政腐敗，壓榨百姓、殺害忠良，引發民怨，影響紂王領導
地位。

忠心耿耿的諸侯，周文王屢屢勸說無效，建言不得而
入，甚或被囚禁，最後，鄰近諸侯深感威脅，人民憤怒不
已，商朝在紂王統治下，成了一個沒有希望的天下，最後，
權勢崩解，終被周武王以弔民伐罪的罪名，傾滅商朝，改朝
換代，建立周朝。「獨富」與「不獨富」心態之不同，迥然
有不同的境遇。

(一)因無私而成其私

富之獨有，雖能滿足物欲，擁有有形資產，可，心靈虛
空，人生匱乏，少了無形資產潤滑，基於利害關係，交往的
對象，只有「叮咚」音聲，除了利益，鮮能獲得良師益友襄
助。反觀，誠摯關懷周遭，好處分享於人，遭逢險難，心靈

導師，個個湧向身旁，主動解囊伸以援手。

無私付出，必受其心，那就是愛，讓人心連心、手牽手，「有孚」入心，誠摯感動。「有孚」的愛，牽手真情流露，成為永結同心的好夫妻；「有孚」的愛，兄友弟恭父慈子孝，成為好世家；「有孚」的愛，團體上下一心，成為事業共同體的好企業；「有孚」的愛，國家、社會安和樂利，成為國強民富的好國度。

無私不獨富胸襟，而有「有孚攣如」情境，因無私而成其私，至聖先師孔子，無怨無悔付出愛心，育英教才，數千年後的今天，無人不曉、無人不知孔子的偉大，他的精神永留人間，造就數千多年豐功偉業，受後世人的敬重。

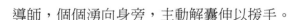 **第六爻│爻辭 上九：既雨既處，尚德載，婦貞厲，月幾望，君子征凶。**

風天小畜（▅▅），「上九」陽爻居陰位，不得位（意味陽轉陰，量變轉為質變之前奏，原僅「六四」一陰畜五陽，今畜養已成，上下一心同進退，事已成或即將功成事退之感言）畜道已成，物極必反，量變到了極限就要發生質

變，密雲不雨的能量，積累到了極限，沛然下雨了，「既雨既處，尚德載」。

「既雨既處」隱喻機會來了，時機成熟，應該高興，可，有人就是快樂不起來，原來，機會是留給有準備的人。沒有準備，機會來了，也不是機會，事已至「上九」即將完結，他沒有足夠能力應對機會來臨，眼睜睜看機會流走，破洞的盆子，盛不了水的，只有讓水流走的份，怎麼高興得起來？機會是留給擁有「尚德載」者，學識品德滿載的人，機會來臨像他的囊中物，任其揮灑。

機會來了，為什麼會有出師不利的現象發生？原來，有人守著陽光守著你，一成不變不知變通，才能、德性一如往常，沒有任何改變，不思圖以長進，沿舊難創新，力不從心難進展。

婦女守著她的陽光：丈夫，嚴厲守著貞節，始終如一守著貞操，值得讚許好氣節。但，事情種種似月亮般，有陰晴圓缺的變化，沿舊難創新，一成不變，才能、德性重複使用，知識學問無長進，觀念無創新，機會來了，無緣來相會，故而言，「婦貞厲，月幾望，君子征凶」，義理在此。

（一）時代進化的推手

月圓亦有缺憾時，圓滿亦有不足日，世事多變，「月滿，時少；缺憾，日多」。知足亦有不足時，月滿是由缺憾逐日漸圓：圓滿。「月幾望」缺憾的開始，亦是另個小畜的開啓。圓滿短暫，缺憾較長，天象如此，況於人乎！

有識之士，透過努力，吸收知識，跟隨時代，造就圓滿地步。學習過程充實己能，彌補缺憾趨向圓滿，由此境界登上另一高峰的進化力量，就是進步，「既雨既處，尚德載」；停留現狀緬懷成就，不另思圖進取，看似圓滿，很快被缺憾蠶食，造成不足，難符合當前之需，自滿不思缺憾，帶來窘境，出師不利是必然，「君子征凶」。

學習補足缺憾，修得圓滿到來，日新月異跟隨世代，創新觀念改變生活，提升文化進步與進化。心懷盈滿，因自滿而喪志，不知缺憾爲何？天下間無不變觀念，沿舊不知昇華，是歷史而非經驗，爲歷史而歷史，難能進步，「婦貞厲」（婦女始終如一厲守貞操，吉；觀念、思維始終如一，不圖進取，不吉）。從過往歷史淬取經驗，補足缺憾昇華智慧，圓滿事物之用，歷史才有它存在的實質價值。

圓滿後的風平浪靜，是另事業缺憾的開端，求新、求進、求發展，圓滿思維蛻以成新，打破心中殘念，日新月異

創新世代，乃缺憾、圓滿互補蓄積結果。人，不可自滿，沒有缺憾、圓滿更替，就沒有推陳布新，日新月異的時代來臨，學無止境，君子者，多充實、多學習，「征吉」代替「征凶」，你們就是帶領時代的領頭羊，往前推進時代的推手。

第六爻　**小象辭　象曰：既雨既處，德積載也。君子征凶，有所疑也。**

天地萬物皆然，由小至大、積少成多，這是自然現象，有心爲之，再小燭光也能點亮眼睛，再小心思也能成就事業，在於有心，不在於小、大，充實儲存能量爲「才能」爲「德行」，「既雨既處，德積載也。」源源創造新天地，增進人類文明的進步。

自滿者，滿足現狀，安於現實，常處日正當中、月圓滿，讓耀眼光芒灼傷眼，難明景象究竟全然，自以爲是，萬事萬物隨時空不斷改變，光亮終有灰暗時，一成不變觀念沿舊總會被時代淘汰，自滿令沿舊思維邁入灰暗時空，失去原有光芒，落伍觀念以行事，何能順利成事？這就是令人起疑惑之處，以前可以（吉），爲何今不行（凶），「君子征凶，有所疑也。」一切，不另思圖精進之故。

（一）「夢想」裡創造「理想」

凡事留個三分滿，留個七分好裝新知識、新事物或‥‥，保留一點餘地，容納缺憾空間，總是好的。虛懷若谷容缺憾，造化不盡圓滿，承載無數圓滿，精進德業品行於圓滿，「既雨既處，德積載也」。

默守成規一成不變，沿舊不創新，圓滿不足，強渡關山，過不了關，摔下來，缺憾滿滿圓不了，前途似錦成了前途吃緊，跟不上時代蛻變腳步，一切所作、所為，處處充滿疑慮，終究會被時代巨輪所吞噬，故言「君子征凶，有所疑也」。

面對人生「缺憾」，不能默守成規滿足現狀，唯有積極，從「缺憾」追求「圓滿」過程，發覺人生、事業，必須無盡學習與充實，創造無窮機會以滿足夢想實踐。如不能從「缺憾」修持「圓滿」，再多的機會，因才能不足、品德不夠，觀念缺憾了無新意，以此出征，欲有所獲，有所疑也，「君子征凶，有所疑也。」猶如水中撈月，虛幻一場，難能成真。品德高知識淵博，修得圓滿事事周詳，從「夢想」裡創造「理想」，圓滿機會於無缺，跨越夢想蛻成理想，實踐成真造就事業功績。「既雨既處，德積載」之君子，是沿舊創新的能者，更是國家、社會之資優中堅者。

天澤履 乾上兌下

天澤履　乾上兌下

第一章｜卦辭　彖辭

第一節　卦辭

履虎尾，不咥人，亨。

「履虎尾，不咥人，亨」。明知山有虎，偏向虎山行，已是險峻，還篤定的說，老虎不會吃人，還在老虎面前，通行無阻，非常人所能為，這是為何？原來，老虎被關在籠子裡，當然不會有事，這個籠子隱喻的是「規矩」，規矩心中放，依據規矩法則，循規蹈矩從其事，不讓風險（老虎或吃人法規黃牛）靠近，當然就咬不到，不是嗎？

訓練老虎的老師，瞭解老虎習性，自定一套訓練規矩以避開危險因子，且能虎虎生風在舞台上表演，博得滿堂彩，「讚」聲不絕、「好」聲不斷，「履虎尾，不咥人，亨。」

凡有按照規矩、知所進退就是「禮」節，依理行事，一切依
照程序、能力行事，絕不踰越能力範圍之外，避開反撲力量
危險因子入侵，安然無恙，亨通其行，「履虎尾，不咥人，
亨。」

「天澤履」（☰☱）外卦乾，乾的特質，健，意象為
天，健行不止變化無窮，外在世界亦如天，變化莫測；內
卦兌，兌的特質，說，意象為澤，澤，湖也，靜中有動，
內心世界亦如湖，動靜起伏難料。外天、內澤湖，天湖一
色，看似美景依人，湖中波濤洶湧裡暗藏玄機，充滿翻騰
風險在其中。

社會是人類賴以生存的天，社會變化掀起平靜如湖的心
思，捲起波濤湧起波浪，「名利」在中，令有心人士虎視眈
眈，隨時反撲咥人，小心！否則，易遭吞噬。國家或社會團
體決策單位，尤應謹慎，錯誤決策比老虎還可怕，少了規矩
為依、為循，「苛政猛於虎」隨伺在側，很可怕的。

（一）人人有隻看不見的老虎

保持距離，以策安全，披著人皮的老虎，隱藏在暗處，
防不勝防。雖不能獨立社會之外，但可以律己。人生最大的
敵人莫過自己，心中老虎蠶食心靈，才是真正可怕的。情

感、慾望、觀念稍有偏差，就似老虎啃食心靈，讓人失去規矩，忽略大環境規律，處理事情、作決策無規矩，造成有形疏忽，促成無形損害。

「履虎尾」告誡人們，凡事小心，人之交往有親疏遠近，適度保持距離，以策安全。立規矩從法度，「禮」節克己，摒除不正之慾，克服貪婪之過，以脫離經叛道的世俗觀念，令披著虎皮的有心人，難有機會，越雷池一步。

「外盜好防，內賊難防」。人人心裡都隱藏著一隻看不見的老虎，等待機會啃食心靈，想要減輕這種趨勢發展，運用「禮」節控制欲望，在己之所能規範，使其不致過度膨脹，可免於被吞噬危機。

無論環境如何險峻，自我「克己」，而後「復禮」；律己要求自我淨化，反復其道充實內涵，理出規律，以成規矩，掌控事物節奏與演變，那隻看不見的老虎，休想傷你半分，事事有條不紊，事事亨通，「履虎尾，不咥人，亨」亦復如是境界。

第二節　彖辭

　　彖曰：履，柔履剛也。說而應乎乾，是以履虎尾，

不咥人，亨。剛中正，履帝位而不疚，光明也。

剛柔，內心之變化。心路歷程要走得平坦，在一個「理」字，有理走遍天下，無理寸步難行。「邪徑不履、暗室不欺」心胸坦蕩的人，光明磊落面對環境而不心虛，理直氣壯而不氣餒，規矩心中坐，建立方圓而不亂。光明正大不欺暗室，隱藏暗室的那隻老虎，就不敢輕易出山。前方即使有險峻、困難，臨危不亂，有了規矩而能化險爲夷。規矩在前行之以理，有理走遍天下，就是「履，柔履剛也。」的精神和意涵。

履，隨著環境適時變通，規矩在前，依理變通，那怕天意無常，仍能依理應對，即便是九五之尊，亦能折服，「說而應乎乾，是以履虎尾」（伴君如伴虎），處處依禮，按照規矩，安然無事，亨通過關，「不咥人，亨。」

「剛中正，履帝位而不疚，光明也。」「九五」陽爻居陽位，得正位，又居上卦之中，故曰「剛中正」；帝位乃指「九五」至尊今爲最高領導者，意有所指告訴領導者，居大位，必須秉持剛正不阿的態度，善納部屬言語和諫言（下卦兌，德行是說），理性斟酌善惡、是非，果斷做出決定、決策，「知行合一」付諸實行，不愧天地「而不疚」，君心可鑑日月，「光明也」，地位得以穩固長保。

（一）依法行政依理行事

身為領導者，除根據規矩辦事處理事物，尚須兼顧情理法，依法行政、依理行事，訴之於情，但，不可為了「情」，亂了章法，否則，易生弊端，造成因人設事，任意變更法源，破壞中正之道，易生禍害。

法之本源，本意是好的，最怕的是，為特定人設法，失去公允破壞法制精神，引來有心的不法之徒，假借法之名，行不法之事，假借權勢之力，肆虐底下善良人士，「苛政猛於虎」，促使國家、社會公權力受損，法之威信受到傷害。

上位者，穩固領導地位，方圓規矩不可缺，依禮行事不可廢，依禮節制各層級權責與職分，各司其職，各職其分，不致造成行政系統紊亂，以策安全進行運作機制。

法則、法規是給予政策、決策明確遵循之用，賜予權力保障的一道屏障，適度保持安全距離，則是給予制度行使者，餘留適度彈性調整的空間，制止亂源、根除弊端之備用，制度行使依據禮節，因人、事、時、地，物制宜，加以規範，以正大統，使其在規矩規範內，依法行政依理行事。

第二章｜大象辭

象曰：上天下澤，履：君子以辯上下，定民志。

天澤履（▆▆），乾爲天在上；兌爲澤在下。乾在外卦「九五」當位，而兌在內卦「六三」不當位，「九五」至尊乃統領國家或團體最高權責的決策者，「名正」以辯上下；「言順」以定民志，按照禮制以立規矩，令其「當位與不當位」者，皆有所司，安其本份盡其本職。

「辯上下」定名分：「君君、臣臣、父父、子子」；名正言順定規矩（或「定民志」）領導者，應有領導的風範，展現領導者氣度胸襟；人臣者，應有臣的立場，輔佐領導者，做個好臣子；父母者，應有父母的榜樣，做個好父母，爲子女效法榜樣；子女者，應有子女的義務，事奉父母，做個好子女。令其國家、社會在「君君、臣臣、父父、子子」的規範下，各職所司、各盡本分，建構國泰民安祥和社會。

按照規矩建立制度，依循禮節法制，分封名位制定權限，杜絕權力濫用。領導階層依法制權限規定治理國家人民，保障人民安居樂業；人民依法制規定善盡應有義務和享受應有權利，保障國家安全與社會祥和安康。由此，可知履

卦政治意味相當濃厚，著重制度論述，強調政治風險。

（一）規矩制定的重要性

凡有重大法案或事件，決策過程中，權衡利弊、得失、優劣，綜合短期與長期效應，比較內部（內卦、下卦）與外圍（外卦、上卦）情勢變化，審慎考量決策執行時的權責分界（以辯上下之「主從」關係）；擬定合宜方案以成規矩（定民志，衆向所歸），按照規矩各司其職運作事宜，不致顧此失彼，忙中出錯。一切「按照規矩做」正是現今個人或團體最需要的運作法則與執行原則。

社會上有太多脫軌行爲，因缺乏準則依據，似是而非觀念，造成是非混淆、模稜兩可情事，導致權責不明，一切都是失去規矩的導航，造成的現象。諸如有人爲了短暫利益，不斷地釋放訊息，企圖混淆視聽、誤導觀念；領導階層爲了鞏固地位，信口開河，犧牲衆人權益；地方官員爲了建設經費，跟利益團體作原則性讓步，造成公權力受損；媒體爲了收視率，創造匪夷所思的議題。這些光怪陸離現象，就是因爲「不按照規矩出牌」的惡果，幾乎快成常規，不但影響社會綱紀，更影響人們對社會價值觀的詮釋。

「規矩」是扭轉迷失混沌者的導航器，帶領人們走向正

確路途的方向盤，想重返有秩序的生活步調，建立優質社會
價值觀，在於「規矩」的建立，「規矩」制定是必要且刻不
容緩的，爲了給當今或留給後代正確認知，必須教育他們體
認「規矩」的重要性，凡事，按照「規矩」做，相信，不久
的將來，社會亂象自會降低，國富民強、生命安全、財產保
障就不致到堪憂的地步。

（一）左青龍右白虎的淵源

　　乾屬陽金，爲上或爲右爲文；兌屬陰金，爲下或爲左爲
武，左青龍右白虎爲允文允武之精神，神龍在上白虎在下，
正是天澤履的卦象，亦是左青龍右白虎的淵源。告訴後代子
孫，循規蹈矩習文練武，神龍在上希望人們提升意境，發揮
創造力；白虎在下希望人們充實內涵，展現執行力。用龍虎
精神創業，助其事業有成；用龍虎精神開創人生，利其人生
圓滿。

　　左青龍右白虎，間距又是爲何？左青龍距離短者，告
之，多吸收內涵能量（戰略），提升意境增進創造能力；右
白虎距離短者，告之，多加強實務經驗（戰術），提高能力
增進執行效力。

　　左青龍、右白虎，相輔相成，促使「創造、執行」能

量、能力趨於均衡境界，依禮成事，「公正、公平」原則作
良性發展。距離長、短（隱喻之意），依照能量、能力之需
求，便宜調整「允文允武」比重，立意精神是好的，正信沿
用，戒慎恐懼反求諸己，延續精神滋長，樹立左青龍右白虎
之精神美意，值得讚譽。

第三章｜爻辭、小象辭

☯ 第一爻｜爻辭 初九：素履，往无咎。

　　天澤履（☰☱），「初九」陽爻居陽位，與「九四」無對應，不受外物牽引，故而有「素履」本著樸素的初心，居本位忠其職，做該做的事，無欲則剛，不爲利誘，按照規矩從事，有條不紊，不改初衷，言行如一，執行任務，無差池，「往无咎。」

　　素者，素還真，初衷之心，原本樸素，無所謂美醜、善惡、利害，客觀以對（人、事、物，因無對應，無牽引，而能客觀）審愼思考，想通、悟透，將理論與實際結合，辨方向擬上下（擬主從關係）定目標，知行合一，貫徹理念，作爲行事規矩之源。實踐過程中，參悟事理，爲之法源，自成方圓以成法，依法待人，處事以禮，心有定見，安然自在，履行素心願之實踐，往以成事，无咎於心（心胸坦蕩，無愧天地），「素履，往无咎。」

（一）珍惜第一步

　　素願是初衷的原始，必須在心無雜質狀況下（初九無對

應，而能客觀以對），客觀分辨周遭上下、思慮前後環境好壞，明心志定其向，神龍在上（乾，爲天、爲龍），高瞻遠矚，推升意念昇華境界；白虎在下（兌，爲澤、爲虎），展現執行魄力，保有初衷遂成本意，成其事業功績大統。宛如高明劍術高手，絕不輕意出鞘，無十足把握絕不揮動第一招，同樣，思考前途去處，不到盡善盡美境地，絕不跨出第一步。

不知多少年青人，懷著豪情壯志踏上人生旅程，前往開創前程、闖蕩事業，原本天眞率直的性情，經不起外界威脅利誘，受不了環境變化衝擊，最後，豪情不復、初衷不在，壯志變了質，想與做完全是兩碼事，執行的東西已非原來初衷，已然喪失珍貴的第一步，走的是另一條不歸路，回不了頭，結果，當然不是原來想要的結果。想當然耳，美好的理想和抱負，就在踏出不成熟的第一步，流失了。

萬事萬物都有第一步，錯過了第一步，就沒有了原來的第一步。因此，當下開始，往後初心之念，愼思以對，珍惜今後每次的第一步，愼重客觀定出方向，才不致辜負第一步的美意。

第一步永遠是最樸素的，沿著第一步的初衷，堅持到最後，完成夙願，最寶貴的人生價值蘊藏其中，做到「素履」境界，成功達陣者，往而無憾就其本業（初衷），「往無

咎」，才是肯定自我的成功者。

第一爻 小象辭　象曰：素履之往，
　　　　　　獨行願也。

本著純樸初心，按照心中所願規畫的路途，不爲外物牽絆，不爲利益誘惑，前往實踐理想，遂成心願之達成，「素履之往，獨行願也。」（初九與九四無對應，無牽掛，隨己心願從其事、志。）

（一）堅持所願不改初衷

神仙雲遊，看到一對恩愛夫妻，忙著做生意，過得幸福美滿。神仙心想：

「他們眞有那麼恩愛嗎？考驗一下吧！」

這對夫妻，每天，早出晚歸辛勤工作，所得報酬卻是有限，但他們怡然自得。

神仙等他們做完生意，回家途中，口中吹出一陣狂風，

直襲店舖將東西吹得東倒西歪。第二天，夫妻來到店舖，看了看，不發一言，趕忙整理，沒有埋怨，一如往常，親切招待客人，神仙看得此景，會心發出一笑。

　　神仙心想，只受點波折，沒損失什麼。心生一計，不如，拿走他們的生財工具，連生財傢伙都不見，不氣急敗壞才怪。第二天，夫妻倆到店舖，發現所有東西都不見了，異口同聲說道：

　　「唉！不知那一個可憐的人，窮到這個地步，連破舊的鍋子鏟子都要，真希望這些東西對他有幫助，願上天保佑他，不要讓他餓著。」神仙又笑了一笑。

　　夫妻倆，想了想，生意還是要繼續做。雖是小生意，溫飽外，還可將沒賣完的，送給餓著的遊民，一舉兩得，夫妻倆不加思考，立即將存得的錢，重置一付生財工具，跟往常一樣，每天勤奮工作，夫唱婦隨，好不恩愛。

　　他們的善心，讓周遭人感動，生意愈做愈好，受惠遊民也愈多。生意好到不得不擴大營業，由小舖子擴充為數十人的店面。神仙看著他們經營兼行善的襟懷，不由得感動起來。

　　無論世界變化如何，初衷不改，「素履，行乎素履」。

一本初衷，依志願而行不為動搖，其志不移，「素履之往，素富貴，行乎素富貴」，初衷善念堅持到底，「獨行願」，自助人助而後天助。

　　劇中兩夫妻，無論環境好壞，堅持初衷善舉不斷，雖富裕仍不改其志，從未中斷接濟窮人遊民之善舉。神仙感受他兩夫妻的恩愛，更看到他們經營舖子的善心、善舉，就這樣，默默地保佑他們。

☯ 第二爻 ｜ 爻辭 九二：履道坦坦，
　　　　　　　　幽人貞吉。

　　天澤履（☰☱），「九二」陽爻居陰位，不得位，與「九五」敵應，不得上意青睞，與「六三」上下比應，「六三」位之不正（不得位），而有「幽人」自居之故，「九二」居下卦之中，雖不得位，卻可持中獨守正道，不屈於「六三」之下。

　　內涵概意，雖不得上之重視青睞，也不因不得志，屈居人下，心境坦蕩，心中有道，不為群魔外道所亂，「幽人」自居，獨守正道以行，「板蕩識英雄」，英雄最終不寂寞，為社會、國家注入一股浩然之氣，吉也，「履道坦坦，幽人

貞吉。」

（一）獨守正道

　　「以辨上下」定心中道，從中思慮再三選擇，「持中」就正道為進退依據，成其方圓為規矩，堅守本分應對衝擊；戒慎恐懼，用獨特思維破除疑慮，依照規矩履行辦事（周文王上之不得商紂聖意，亦不奉承阿諛朝臣，一切，依照心中道：以仁為本施政於民），心胸坦蕩、行事磊落，逢凶化吉，成就大業（奠定周朝天下之根基），「履道坦坦，幽人貞吉」。

　　「幽人」隱喻善於保持冷靜，沉穩應對世局，「貞吉」貞守心中道，不為情牽、不為物引，獨守正道，終以成吉。

　　遭逢事情、問題，不為文飾蒙蔽或迷惑，客觀冷靜綜觀世局，理性探索事物本質，自成獨特見解為道（為中心思想）。心胸坦蕩、行事磊落，不趨炎附勢，不與人同流合污，超然物外，自成規距方圓，緊守分際貞守節操，遂成使命趨吉發展，「幽人貞吉」。

第二爻 小象辭　象曰：幽人貞吉，中不自亂也。

　　「幽人」之所以貞吉，不因上下、內外之衝擊，仍擁有獨特思維特立主張者（心中有道），從客觀環境創造條件，孕育定見(道之規矩)爲之應用，不因外界變化更弦易轍，獨樹特立作風履行人生大道，遭逢坎坷不以爲意，志不得不以爲憾，堅持還是堅持，樹立典範爲規矩，按照規矩方圓遂行其事，克服荊棘（道不同不相爲謀，周文王不與商紂暴政理念謀合，而以仁政克服從政荊棘歷程），忍受刺痛（周文王被商紂囚禁於羑里，甚或忍受其子被殺之痛），擇善固執辨眞假，盡本份行其道，成就事物（道）之成（成就仁道施政的王道文化），吉，「幽人貞吉」。

　　人生大道想要走得坦蕩，要耐得住寂寞、經得起壓力，心中有物（道），律以成規，事事按照「規矩」禮節，心中有道而不自亂，「中不自亂也」，堅持原則施展抱負，「幽人」之所以貞吉之因，「幽人貞吉，中不自亂也」。

（一）心中有道

　　世上有走不完的心橋，也有過不了的靈山，唯有「心中有道」者，一本初衷在靈山中寓教於行，歷經心橋洗練，修得智慧來。也唯有歷練過的智慧，面對問題、環境變遷，仍

能保持寧靜致遠的心態，堅守「心中道」不爲所亂，心中坦蕩接受挑戰。

「心中道」有時會遭受蒙塵，但永遠不會消失，只要堅持、堅守，雖有驚險，卻因「心中有道」而能驚而不險，履道坦坦向前行，關關難過關關過，趨吉向善發展，「幽人貞吉，中不自亂也」。

至聖先師孔子，與上之君上（古之君王，今之國家最高領導者），「道不同不相爲謀」，亦不屈於各方諸侯、士大夫權勢，決然辭官，周遊列國，宣達以「仁」爲本的「心中道」，克服種種荊棘，忍受種種磨難，「中不自亂」育英教才，堅持、堅守「心中道」，造就儒家思想源源流長，深植中華文化之延續，千古精神留傳至今於不息，不但吉，卻是「至吉」，「幽人貞吉，中不自亂也」。

🌓 第三爻｜爻辭 六三：眇能視，跛能履，履虎尾，咥人，凶。武人爲于大君。

天澤履（☰☱），「六三」陰爻居陽位，位之不正，尾隨在「乾」的後面，「履虎尾」（上九陰爻居陽位，亦位之

不正，六三與之相應，尾隨其後，借力使力、借勢使勢。
「上九」有如團體、法人機構，或所言的勢力團體，雖不在
其位，卻擁有龐大影響力）。

　　「六三」乃自以爲是、剛愎自用（借力使力、借勢使勢：
借上九之勢力，似狐假虎威）專斷獨行者，能力不足、能耐
不夠，又不接納他人意見，像蒙隻眼的獨眼龍，雖能視卻視
不清；像跛隻腳的獨行俠，能行卻走不安穩，「眇能視，跛
能履，履虎尾。」

　　「六三」者，事實眞相一知半解，自認足以應付，殊不
知強行銳進，碰到不知名變數，來不及反應，是很危險的，
就如履虎尾般，走到老虎後面，不小心踩到老虎尾巴，凶險
可想而知，受到老虎反撲，被反咬一口，其危險處境，可想
而知，凶呀！「咥人，凶」。手握兵權將領或諸侯，擁兵自
重，剛愎自用，只知馬上得天下，卻不知馬下治天下，不明
全局變化，爲大君，當然凶險，「武人爲于大君」。

（一）一失足成千古恨

　　高傲心態狐假虎威，自以爲高明，忽視周遭環境變化，
又不尊重趨勢，閉門造車（自閉在意識框架中），小則傷
己，大則傷人，造成社會現象失調。

高傲使人意氣風發（尾隨在「乾」的後面，狐假虎威以逞己能），不服輸愛面子，剛愎自用，成了急功好利的獨夫，忽略真相隱藏的危機，讓披著人皮的老虎，有機可乘，睜著雙眼緊緊盯著，準備吞噬那不長眼的獵物，著實讓人看了怵目驚心，高傲帶來的自我迷失（沉醉在狐假虎威的權勢、利益），恐怕凶多吉少。

高傲又不自量力的人，能力既不足，又不腳踏實地，看不清事實（眇能視，跛能履，只知其一不知其二），只知依附在他上之上（履虎尾），文武韜略缺缺，什麼都不知，給人做點心，吃了，凶呀！（咥人，凶），有勇無謀，想闖出一片天（武人爲于大君），談何容易？

凡事，思慮缺周詳（無心中道），只憑匹夫之勇，不用三、二下，很快就被危機所吞噬，敗下陣來。人要有自知之明，看清事實，知己之能耐與實力，才不致做不切實際的蠢事，造成一失足成千古恨的缺憾。

第三爻 **小象辭　象曰：眇能視，不足以有明也；**
**　　　　　　跛能履，不足以與行也；**
**　　　　　　咥人之凶，位不當也；**
**　　　　　　武人爲于大君，志剛也。**

「眇」能視的眇，少了一個目，看事情只看一半，看上

不看下，看左不看右，只用一隻眼睛看東西，卻只看自己喜歡的，往往會看走眼，「眇」能視，看到的事實、真相，都是一半、一半的，「不足以有明也」，隱喻「一知半解」；「跛」能履，走路一跛一跛，行兩足，今一足以行，實「不足以行」，隱喻「半途而廢」，何以如此呢？因「咥人之凶，位不當也」。

「六三」陰爻居陽位，位之不正（不當位），尾隨在「乾」的後面，受人支使、支配，更深層言之，少了規矩以行事，讓人有機可乘，被人吃得死死以致凶（凶者，失也，失去自我），「咥人之凶，位不當也」；這種情形，又如武人坐上大君之位（君王或最高領導者的位置），只知馬上（武才）得天下，卻不能馬下（文才）治天下，文才沒有，空有武才，不知禮爲何物，想要成爲君主，仍然沿用馬上得天下那一套剛猛治國方式，是行不通的，「武人爲于大君，志剛也。」（少了文才內涵以治國，終究會被他人所主導，雖居其位，名符其實也只有一半，不是嗎？）

（一）凡事，要有規矩。

長者不知爲了何事，告誡他的子女，言下之意，隱約透露出訓示之意，說道：

　　「年青人就是太衝動，不看清楚事情的來龍去脈，膽大妄為跑去做，這下，好了，踢到鐵板，看看以後還能走到那裡，真是的。」令人不禁想到了易經的一句話，「眇能視，不足以有明也；跛能履，不足以與行也」，有時候的太自以為是，引發的就是衝動，看不清局勢，以致許多事情的不如預期，促成寸步難行的地步，實不足為奇。接著長者又說道：

　　「翅膀還沒長硬就想要飛，還沒長大就想要坐大位，可沒那麼容易。能力不足、才識不夠，給人吃掉都不知道。年青人千萬不要以為有一點東西，就認為了不起，還是衡量一下自己的斤兩，如果不能，不如老實點，做點實際的工作吧！」易經的另一句話，「咥人之凶，位不當也」，勸世人，莫要做不擅長的事，否則容易吃大虧。最後，長者語長心重，說道：

　　「凡事，不可莽撞，只知拼死拼活得做，不知頭也不知尾，只顧往前衝，就像御駕親征統帥大君，只知道往前衝努力的作戰，卻不知道作戰的目的是什麼，那不是很危險嗎？」易經的後語「武人為于大君，志剛也。」做任何事情不要只為做而做，動動腦，想一想，凡事，要有個規矩為憑，才不會事事無主，出差錯。隨後，長者講完話，走了。

☯ 第四爻｜爻辭　九四：履虎尾，愬愬終吉。

　　天澤履（☰☱），「九四」陽爻居陰位，不得位（意味因世勢或任務需求，隨時有更動的可能，得居其位，不得長占謂之），上承「九五」至尊，伴君如伴虎，「履虎尾」就是如此情景。「愬愬」明確警示身居「九四」之位的高層人士，戒愼恐懼以承上意，「大智若愚」面對權力行使，千萬不可擁權自重，尤忌功高震主爲最。

　　不論權力正常性爲何，務必記住一點，「九四」權力來源出自「九五」之手，「正與不正」當性，是由「九五」來決定，應警戒在心善用授予權力，若，用之不善，付出的代價，後果不堪設想，應該自重，只要不違背權限，善用權力解決事情，不但能夠避免傷害，進而施展抱負，終究是好的，吉，「愬愬終吉。」

（一）富貴險中求，善終之法。

　　昔之君王帝制時代，身旁臣子可得小心，伴君如伴虎，稍有不愼，去除爵位或殺身之禍，就在君王一念間，令人觸目驚心，亦非常人所能想像。即便是小事情、小細節，稍有疏忽、不留意，無論身份、地位多高，犯了錯，落入有心

人手中拿來做文章，申誡或去爵位還算好，殺身之禍延及子孫，事情就大了。

大臣們面對掌握生殺大權的君王，理應抱持戒慎恐懼，畢竟，權力是一時，生命只有一次，千萬不能出大差錯，才可保身平安。生命誠可貴，但，有人為了成就事業，權力卻是最佳門徑，必須具備「不入虎穴，焉得虎子」膽識，進入權力核心，得以施展抱負（有些事，手握權柄，始得為之，這也是權力慾望迷人之處），權力的一體兩面，就是如此，善用與否，決定吉凶。

「愬愬」提醒人們，不可因權力、利益的得勢，忘卻身分，一切依法行事，終究是好的。按照規矩行事，做好本分事，勿揣摩上意，勿踰越權限，上不違背應有職責，下不讓人誤認假借權力，如此，避免狐假虎威疑慮，憨厚篤實按照「禮節」規矩做事得以善終，「愬愬終吉也。」富貴險中求（政治人物求政治利益，企業求商業利益等等），善終之法，不能脫離「禮節」規矩，而得善終以吉。

第四爻　小象辭　象曰：愬愬終吉，志行也。

身居「九四」高官或領導階層，高處不勝寒呀！戒慎恐懼以律己，規矩在前行之在後，遵循「君君、臣臣、父父、

子子」禮制，做好臣子應盡本分（貫徹上意之實踐）。

「愬愬」也告之「九四」謹記一件事，龍顏不可逆，保持「愬愬」畏懼心理以對，畢竟，「君心難測，人心險惡」，唯知彼知己權宜利害，時刻警惕在心，才能避開風險，安然無恙，在其位述其職。

凡居此爻之高官或領導階層者，凡有保持「愬愬」戒慎恐懼態度，依照規矩辦事，信守承諾，忠人之事，志必行，行必果，「終吉」。「愬愬」非愚者（指九四乃「九五」之親信或大臣），而是大智若愚，剛而能柔（九四陽爻居陰位之故，柔以承上剛以執事），知其分內之事，知其所為，盡己本分，承上意志，按照規矩，貫徹上之意志，執行任務以完成使命，「愬愬終吉，志行也」。

這裡要言明「履虎尾」的概意，履虎尾隱喻的是「危機」，危機處處有，非僅是某爻之專屬，實乃，愈近「九五」之尊位，其隱藏危機愈險峻，愈要謹慎以對。

古之，踩到人家尾巴，戳到人家的痛處，頂多是打打、或花錢了事。唯此爻，情況非同小可，小則削職、罷官、流放，大則傷身、丟命，甚或抄家滅族，故而此爻特以「履虎尾」警示政治的險惡，非一般。

　　至聖先師「孔子」小象辭也特別針對此爻「履虎尾」這個問題，提供一個解決之道，「九五」至尊最在意的是什麼？

　　意志貫徹與實踐，一切志行如其所願，其他對「九五」至尊而言，就不是什麼大事情，故而「愬愬」戒慎恐懼，面對的是「九五」意志執行的結果，完善圓滿解決，終究是「吉」，帶來的是加官進爵；若不如「九五」之所願，可要小心，後果難料。以今言之，又何其不是如此，貫徹領導者的意志，如其所願，加官進爵不在話下；若不如「九五」之所願，可要小心，降職、打包吃自己，稀鬆平常。

🔘 第五爻｜ 爻辭 九五：夬履，貞厲。

　　象辭：「剛中正，履帝位而不疚，光明也。」針對「九五」而言。

　　天澤履（䷉），「九五」陽爻陽位，得正位，又居上卦之中，故曰「剛中正」；帝位乃指「九五」至尊，今為最高領導者，意有所指告訴領導者，居大位之至尊，秉持剛正不阿態度，善納部屬言語和諫言，理性斟酌善惡、是非，果斷做出決定、決策，「知行合一」付諸實行，不愧天地「而不疚」，君心可鑑日月，「光明也」，地位得以穩固長保。

　　「九五」位居至高的領導者，亦是決策的決定者。領導階層決策果斷、行動果敢，應是值得讚許的，但若不明究理，一意孤行乾綱獨斷，肆無忌憚擴權濫用，反而令人擔憂，造成的危害影響深遠。

　　「夬履」暗示領導者，做決策、政策之前，審慎評估通盤考量，權力雖好，卻是一刀兩面刃，慎用權力，堅守權責、權限處理事物，「貞厲」，否則，用之不當，後果不堪設想。

（一）慎選領導者

　　個人或團體，領導者擁有決策權力時，戒慎恐懼，善用權柄，沉穩以對，記住，絕不打狂語，且要慎語以行，言有物、行有恆，紮根「誠信」基礎，穩固領導中心。「誠信」基礎又決於「夬履，貞厲」四字真言，任何決策、政策的履行過程，在允許範圍內，上不愧天、下不怍地，心胸坦蕩，以「公正、公平、公開」原則昭告天下，天下蒼生福澤為念，施惠黎民百姓，言忠信行篤實，深根「誠信」，穩固政權。

　　「若要人不知，除非己莫為」，就算無人之地，天地不知，民心是看著、盯著。領導者，莫以為天衣無縫，掩飾

得隱密巧妙，不會被發覺，錯了，凡走過必留下痕跡，決策過程中，已露心機，瞞得了一時，瞞不了長久。非謀眾人利益，只圖私欲的技倆，被人看穿，公信力會一文不值，最後，決策或政策將變成圖騰橡皮章，失去公信力，什麼事情都推行不了，後果堪憂，故而以「貞厲」告誡。

之所以有「貞厲」告誡，歷來領導者或領導階層，最易墜入「權力」欲望魔障之中，致使權力腐化，令人觸目心驚，膽顫心寒，耗損社會成本，腐蝕國力。權力腐化，常見的是偏離眞相，扭曲眞相，利用莫虛有眞相，製造矛盾引發衝突，「權力」成了領導者模糊焦點的工具。

「夬履」握有權力的領導者，用果斷決心移轉事實，刻意模糊焦點，製造不相干議題，迴避既存事實轉移焦點，絕非天下人之福。問題失去焦點，非但沒有解決問題，反而製造矛盾與衝突，造成資源浪費運作空轉，犧牲的肯定是絕大多數人的利益，被犧牲的一群，就好像處在虎中的羊群，等待被吞噬。

國家、社會、團體機關或企業機構，最怕領導階層權力不當使用，假藉權力之便，從事別有用意的企圖，絕不是底下人的福氣，而是災禍的開始。領導者在其位，心術不正、觀念偏差，會把底下人推入火坑，帶到不可預知的災禍途徑發展。

　　領導者除了睿智果斷力，關懷、體貼胸襟不可或缺，更應擁有「同甘共苦、有福同享、有難同擔」度量，政策、決策秉持「公正、公平、公開」原則，嚴以律己「誠信」立基，與之共榮辱，才是值得眾人所追隨的領導者。反之，領導者，如若利用手上權力，模糊問題轉移焦點，權力成了滿足欲望的工具，前程堪慮！如果可能的話，另擇明主免得受殃。

第五爻　小象辭　象曰：夫履貞厲，位正當也。

　　「位正當也」，是指「九五」所處的位置即中又正的至尊地位，此其一；有才能又有地位的情況下，乾綱果斷做決策之前，「公正、公平、公開」原則，嚴以律己謹言慎行，穩固居其位的正當性，此其二。因此而言，果斷力雖是領導者必備要件，但，心態和性格的嚴謹不可或缺。

　　領導者，具備公私分明觀念，才能因公忘私是非分明；擁有高膽遠慮眼光，才能深謀遠慮規畫前景；兼備宏觀氣度，才能識才唯德納賢是用。領導者擁有上述特質與素養，遇事不畏強權，逢險敢於勇往直前，依理行事、依禮待人，以身作則爲部屬楷模。

　　領導者是決策的決定者，問題的解決與執行，交給執行

單位就行，不然，每天只管小不嚨咚的雜事，正事沒二項，絕非底下人所樂見，也不是領導者所居位置該爲之事。

領導者，備有虛心求教的雅量，則能虛心接受各方善意，聆聽各方意見，集思廣益以化解「夬履」疑慮，降低「貞厲」壓力，促使決策、政策盡善盡美進行，從善如流的發展。領導者，當思權力正當性，戒愼恐懼使用權柄，居其位，決應決的政策、決策，「夬履貞厲，位正當也。」

（一）領導者的面相

身爲決策的領導者，不論事情大小、喜惡，甚至啼笑皆非似是而非的棘手問題，都要領導者拍桌定案，乍看之下，眞是偉大。只知有爲的領導者，是決策重大問題的決定者，不是解決所有問題的執行者，身爲領導者，應該釐清分際。

領導者，發號司令是多麼威風，內心的掙扎與交戰，非常人可以想像，既然身居此位，言行、策畫，不能不愼重，戒愼恐懼、反身修己，防止決策錯誤的發生，「夬履貞厲」，在其位謀其政，「位正當也」。

領導者，遇到難題逃避問題，是底下民眾、部屬的不幸，每每面對風險高的案子，總喜歡運用轉移焦點方式，卸

責，塑造另一個類似案子敷衍了事，似是而非的決策，並沒有解決原先的難題，反而變得複雜難以解決，甚或造成公信力的受損，促使多數人的權益、利益受到波及。

領導者的面相百百種，不外兩種，（一）好的領導者，讓人受惠；（二）不好的領導者，讓人受害，若有機會選擇，記住，慎選，千萬，不要跟自己的生活、經濟過不去，好與不好，歡喜「選」甘願受，怨不得人。

☯ 第六爻│ 爻辭 上九：視履考祥，其旋元吉。

「視履」，觀察履道整個過程；「祥」包含禍福、吉凶、得失的兩面觀：「考」是考核，總結檢討它的成效；「旋」，是周旋過程的利弊、得失，完善初衷原意，所有過程的缺憾止於圓滿，「元吉」。

天澤履（☰☱），上九陽爻居陰位，不得位（暫居此位，事有未逮，仍須努力，行行復行行，為下一個履道作準備前的總檢討）。「上九」履卦最後階段，事情告一個段落，總有一個總結報告，此爻正是如此進行中，檢視履行過程的優、劣，從中修正、改善，使其趨於完美境界，為之

規律以成「規矩」法源，依據「規矩」法源，制定禮節（依照人、事、物所需，制定運作程序），依據禮節法度，履行「素願」（指初九）每一階段性任務、使命，如心所願之期待，圓滿達成初衷原意目標、目的，大吉，「視履考祥，其旋元吉。」

檢視履行過程目的，期盼人們從歷練過程軌跡裡，記取教訓，累積經驗，完善個中缺失、過錯，利於創造「規矩」條件（外卦乾：德性健，隱喻在健而不息恆動環境中，發覺成就規矩的因子），作為制定「禮節」的法源。

一件事情的完結，不代表事情的結束，它只是一個過程到另一過程的中繼站，人生價值是由無數履行過程累積的成果。

履行過程充滿著剛柔（心情）起伏，波濤洶湧歷練中，處處潛藏著無數風險在其中，宛如履虎尾般，步步險、步步驚，唯有「規矩」心中坐，反躬修身淨心性，避開心靈入魔障，馴服心志，克服心魔，防止再犯的挫敗，修得圓滿無缺憾，何懼危機重重擊，視履考祥，止於至「履虎尾，不咥人，亨」修為，「其旋元吉」。

「視履」首重素履（指初九），凡跨出第一步之前，仔細評估審慎規畫，知其所能與不能；無欲則剛，心無所繫，

「履道坦坦」心胸坦蕩，心中有道，心不自亂；事清理明，「一知半解」與之無緣，無「半途而廢」；「大智若愚」有所爲有所不爲，戒愼恐懼面對事物、問題，終能趨吉發展，「愬愬終吉」；乾綱果斷做決策之前，「公正、公平、公開」原則，嚴以律己，謹言愼行，穩固決策正當性，「夬履貞厲，位正當」是也；「視履考祥」總結檢討，從教訓擷取經驗，防止欲望過度，以避免羊入虎口，「規矩」在前行之以理，有理走遍天下，「履，柔履剛也。」於「履虎尾，不咥人，亨」境地，履道已成，「其旋元吉」。

第六爻　小象辭　象曰：元吉在上，大有慶也。

履行過程（人生、事業，政治、經濟）欲達盡善盡美，在於「履」道完善，完善又在於「心」。將「心」放在至高點，高瞻遠慮環顧履行過程，察之於始，行之於後。察之於始，知物之本末、始終以立「規矩」，「規矩」在前，行之以理，「規矩」在上，左青龍、右白虎隨側在旁，允文允武修得履道行，得其善終，大有慶也。

履道之善始於初，「素履」以往，無欲則剛，奠定吉的基礎，成就好的開始，好的開始是成功的一半。履行過程中充滿矛盾，處處險、步步驚，因按照「規矩」行事規律運作，終能化險爲夷。履行首重正己而後正人，嚴以律己，知

行合一，履行抱負，貫徹實踐。

　　凡有，制定合宜規矩以行事，災禍不當頭，壞人無以進，行善終有善果報，來之於規矩，賜予保護大網，幻象物欲難誘惑，規矩在上，禮節合宜通人情，左青龍、右白虎隨伺在側，吉慶有餘，故「元吉在上，大有慶也」。

第拾壹卦

地天泰 坤上乾下

第拾壹卦
地天泰 坤上乾下

第❶章 卦辭 彖辭

第一節 卦辭

泰，小往大來，吉亨。

地天泰（☷☰），上卦坤，純三陰爻；下卦乾，純三陽爻。闡述「地天泰」（☷☰），先從各「爻」所居之位，論述較易理解，之中除第二爻（九二，陽爻居陰位，居下卦之中，得中）及第五爻（六五，陰爻居陽位，居上卦之中，得中），此二爻得中不得位，餘皆得位，告訴我們什麼呢？

易文化而言「陽為大、陰為小，向上為往、向下為來」。

「地天泰」卦象，因第二爻（陽爻居陰位，居下卦之

中，得中卻不得位），及第五爻（陰爻居陽位，居上卦之中，得中卻不得位），餘爻皆得位，故而「小往大來」是針對「第二爻」陽爻居下卦之位（向下為來），陽為大，故曰「大來」及第五爻」陰爻居上卦之位（向上為往），陰為小，故曰「小往」，上、下往來互通交流，「小往大來」，以成「泰」。

「小往大來」指主其事之「九二」與「六五」來往互動，透過交流溝通，達成協議或共識，付出小代價，換得大利益，何以言之？

氣之交流是這樣的，空氣熱了，往上升；空氣冷了，向下降。地天泰，坤在上，乾在下，在上的空氣冷的，自然要向下；在下的空氣熱的，自然要向上，自然規律就是如此交互流通，亨通不息造就天候變化，小小氣流交互對流溝通，大大成就人類萬物賴以生存的氣息，讓人體悟「泰，小往大來，吉亨。」情景。

「上有政策，下有對策」對「泰」卦而言，上、下透過溝通，交流往來，在上面領導階層（六五中央單位）瞭解在下基層（九二地方單位）的心聲；下面基層瞭解在上領導階層的用意，上通下達知彼之位場、位置，進行溝通協商，形成共知、共識，各取所需，趨吉發展，亨通其事，「泰，小往大來，吉亨。」

天之道到人之道，陰陽（氣之消長）交泰到剛柔（心之起伏）交流，告訴人類，交流、溝通而有天象形成、文化生成，不論陰陽（天道，陰陽消長）或剛柔（人道，剛柔起伏）交流互通，「上下交而其志同」就是「泰」，亦是人們常聽到「三羊開泰」，地天泰內涵是也。

（一）「三陽（羊）開泰」的要件

　　「地天泰」（䷊），兩兩分，「初與二爻」，地利得其一，「九二」居下卦之中，以剛居柔位，持中以致柔，剛而能柔承上意，上得以通，完勝「地利」；「三」爻與「四」爻，得位，得其二「人和」；「五」爻與「上爻」，天時得其一，「六五」居上卦之中，以柔居剛位，持中以行，柔而能剛順應于下，下得以達，以全「天時」。（完勝「地利」、得人和、以全「天時」三才俱備，乃「三陽（羊）開泰」之要件）。

　　每一次的政治選舉活動，看到的是民意展現、人心歸向，勝選的一方，可以知道的是已然獲得「人和」優勢（三與四爻）；初得地利亦無虞，而則「二爻」有待努力（人心善變，能否因地制宜，良善建設地方福祉，為之將來利與不利選項，九二仍存變數）；整個氣息籠罩在勝的一方，天時得之無虞，但，能不能「持盈保泰」，「六五」當戒慎恐

懼，面對選舉之前所下的承諾、政見，論及至此，一個重要議題出來了，選舉後的政績，則是考驗「持盈保泰」能否長久的關鍵。

　　人人都有「地天泰」時機，重點不在地天泰的到來，而在「持盈保泰」的長久。很多人在擁有「地天泰」時，卻在得意時，忘了初衷，就如很多政治人物，得到政權之後，忘了之前，擁有最多民意時的承諾（初衷），時間會證明一切。

　　睿智的領導者，有如周朝周文王，雖擁有全天下三有其二的人心，但，他卻不以爲滿，仍然以「仁政」爲施政方針（居六五之高度，看待「九二」地方建設的民生問題，致力民心的經營），時刻反躬自省，及於周公制禮，「辨上下、定民志」名正言順，令其所屬在天下莫非王土概念下，以天下爲天下人之天下，使其全國，不論官員、人民百姓，各職所司、各就其位，上下一心，政通人和，打造周朝「「持盈保泰」八百餘年的天下。

　　面臨「地天泰」的到來，最需要的是打開心胸清淨思路，宏觀面對「地天泰」之後的「持盈保泰」。凡有，不忘初衷，人和之所向，容人以量聚眾之智，思在前、行在後，正確明定方向(周朝從周文王仁政，後有周公制禮樂)，上下一心燃起信心打造希望，宏觀天下再造事業、人生另一章，

引導人們往康莊大道，無盡發展人生奇蹟，「持盈保泰」開創事業、美化人生。

第二節　彖辭

　　彖曰：泰，小往大來，吉亨。則是天地相交而萬物通也。上下交而其志同也。內陽而外陰，內健而外順，內君子而外小人，君子道長，小人道退。

　　「泰」卦，上卦坤爲地，下卦乾爲天。

　　天道言之，天地以氣通，天地陰陽相交、消息上下互通，及於萬物而萬物生。天之氣，因熱而上升；地之氣，因冷而下降，本乎天者親上，本乎地者親下，「泰」，因「小往大來」而有「吉亨」氣之盈，「盈天地者，唯萬物也」，「則是天地相交而萬物通也」，則各從其類也，物以類聚。

　　人道言之，君臣以志同，古之君臣之稱呼（孔子之前之時代言之），臣稱君主爲「君上」，自稱爲「下臣」，故而「泰」卦所言上下交，乃「君上與下臣」的上下交，君臣交相感，上通下達，志趣相合，可以濟養天下蒼生黎民百姓，「上下交而其志同也」。

　　泰卦（☰☷），三陽爻（☰）在內卦（乾），三陰爻（☷）在外卦（坤），故曰「內陽而外陰」。

　　泰卦（☰☷），乾（☰）在內卦，德是健，坤（☷）在外卦，德是順，故曰「內健而外順」。

　　泰卦（☰☷），三陽爻（☰）在內卦，爲君子；三陰爻（☷在外卦，爲小人，故曰「內君子而外小人」。

　　陽爻爲君子，在內之乾，健於行事；陰爲小人，在外之坤，順以聽命；「君子道長，小人道退。」內之乾之三陽向外漸長，陽（陽者，君子）長（君子道長）則陰（陰者，小人）消（小人道退）。

（一）領頭羊

　　君子之領頭羊，誰屬？各階層領導者或社會賢達領導人士。領導者的政策、決策，關係天下蒼生福祉，民生問題又是蒼生福祉之最，百姓生活富足自得民心，領導者的地位和威信，得以鞏固。

　　領導者，站在市斗小民立場，往民生問題著手，相信領導者的「小往」，得到卻是民心「大來」，政治理想和施政

措施，在民心擁戴之下，政通人和獲得良好政績，亨通天下大行其道，吉之又吉，「泰，小往大來，吉亨」。

領導者，都希望追求利益、利潤的同時，宏圖大展建功立業，擴展事業版圖。因此成功領導者，除眼光要遠，追求利益、利潤時，莫忘風險意識，由小而大、由大而多的將本求利過程，依照實際運作狀況和實力，詳細評估審慎規畫，因地制宜配合時勢，掌握時機創造機會，亨通事業發展，擴展事業版圖，然，記住，天下非一人之天下，聚眾人之力、眾人之智，溝通換得上下一心，用小的力量推及大的事業，非領導者這隻領頭羊，身先士卒親臨督導不可得。

政治領導者，更應「知民之心」，知民之所欲而得民之心，民氣可用，雖萬難亦不足懼，小小關懷換得大大民心，深解「小往大來」交流、交往之藝術，獲得的是萬事吉祥，事事亨通，「泰，小往大來，吉亨」。依此，得以鞏固領導者的地位和威信，政通人和，上通下達，帶領子民們往國泰民安境地發展，做一個令人稱讚的「領頭羊」。

（二）人心歸向

天地陰陽消長，相交互通而有陰陽調和，氣息流通而有萬物生成，「天地相交而萬物通也」。天地之道到人之道，

陰陽交泰到剛柔交流，告訴人類，交流、溝通而有文明、文
化生成，不論領導者或販夫走卒，爲了生存必須爲世間這塊
土地付出，這個理念是有志一同，心歸一源，「上下交而其
志同也」。

　　人類的價值，存於天地之間，運用陰陽交泰之際，孕育
萬物；運用剛柔交流之時，掌握人心，「陰陽調和，剛柔並
濟」，事物得以剛健（乾之德是健，性剛）由內向外柔順發
展（坤之德是順，性柔），「內陽而外陰，內健而外順」。

　　演繹類推，上之領導者，居權力核心，剛柔交泰孕育
「人心歸向」（上通下達，爲了政通，政通爲了人和，人和
取決人心歸向。泰卦，天道言，重陰陽氣息消長以調和；
人道言，重剛柔人心消長以歸向）剛柔相濟，內以陽剛決
斷決策、政策，外以陰柔和順接納建言意見，「內陽而
外陰，內健而外順」；領導者不專權而能擇才選賢與能，
「君子道長」；執行單位在權責底下，拒小人於外，「小
人道消」。

第二章│大象辭

　　象曰：天地交，泰。后以裁成天地之道，輔相天地之宜，以左右民。

　　泰卦（☷☰），上卦是坤（爲地），下卦是乾（爲天）。天地相交，指天地陰、陽兩氣相交，坤氣上升，以成天道：乾氣下降，以成地道，上、下「乾、坤」兩氣相交，從自然現象看，是「天地交」上下通，以成「泰」。天地陰陽消長，相交互通陰陽調和，氣息流通萬物生成，「天地相交而萬物通也」，「泰」也。

　　「后」以裁成天地之道，坤，爲女爲王后，故以后稱之，這種說法，有待斟酌。「泰」上坤下乾，「皇天（乾）在上，后土（坤）在下」，今「皇天（乾）在下，后土（坤）在上」，告訴我們，天氣下降（陽氣在下，乾之三陽爻居下卦，陽爲大，下爲來，故曰大來），地氣上升（陰氣在上，坤之三陰爻，陰爲小，上爲往，故曰小往），小往大來，泰，故可曰「后」乃指「后土」之后，土爲萬物之主稱后，廣義言之，擁有土地使用權的統治者，爲國家領導者、百里侯或土地使用權所有人等。

　　古時，以農立國，擁有土地使用權的統治者，順承天地之道（指四時陰陽氣息之消長，而有四時節令，春生、夏長、秋收（或秋殺）、冬藏之道），按照四時節氣，天地交泰之際，輔導協助子民，依照天時、人和創造地利有效性使用，獲得更高收成績效。在上，擁有土地使用權的統治者；在下創造地利有效性使用的工作者，上、下相互溝通、交流亨通各自理念，達到志同道合，得到最吉的績效，「泰，小往大來，吉亨。」

　　「泰」，推而廣之，爲「天地交」、「上下交」或「內外交」，政治、經濟、人生、事業，因地制宜，制定天地所宜之物，各安其生之道，得其宜之耕作方法、運作方式作良性發展（亦如北方溫度、氣候適宜栽種農作物，但，到了南方就不適宜，諸如此類，必須因地制宜）天地交，陰陽和，以成「泰」，「天地交，泰。后以裁成天地之道，輔相天地之宜，以左右民。」

第三章｜ **爻辭、小象辭**

☯ 第一爻｜ 爻辭 初九：拔茅茹，
以其彙，征吉。

　　地天泰（☷☰），「初九」陽爻居陽位，得位、主進，「茹」與根相連部位，相互牽連爲一體的意思，要拔除茅草，必須將根部牽連在一起的同類，全部拔起，除惡務盡；國家、團體機關或企業言之，去除宵小之徒或不善之策，除舊務盡，主動積極進取征伐，以除去不善冗員與改善陋規，「君子道長，小人道退」，以得吉。「彙」是類，「以」即與。

　　「初九」陽爻，在最下位，陽氣滋長之初，亦即由下往上開始昇進之象。昇進不僅「身」進，必須帶著「心」前往，做好身心整理、整頓，拔除心中疑慮，創建配套措施以補陋規之不足，「拔茅茹，以其彙」，結合身心一同或志同道合人士(與六四正應，志交以同)，無比決心向外出征，共創新氣象，趨吉發展事業前途，「征吉」。

（一）建立信心打破膽怯

　　無有信心的他，遇到事情之初，心裡就膽怯，友人看在眼裡，直呼不行，並且告訴他，每當沒有信心時，捫心自問，爲什麼會如此？

　　經過一段時間，他從捫心自問過程中，打開了很多爲什麼?從中打破膽怯心理（除去心中疑慮、疑惑），信心漸長（亦如陽氣漸長，深根基礎向外發展），視野變遠、心胸變大。也從爲什麼會如此？探討是非、對錯的成因，去除主觀意識判定，增長客觀能容雅量，使他變得成熟、穩健。

　　他從彙整過程中，瞭解信心建立，首先要戰勝自己，拔除心中疑惑、疑慮，並說服自己說「我能、我行」，建立信心打破膽怯心理，跟著時代腳步，身心一同向前邁進，打拼事業、人生，征而有功，吉，「拔茅茹，以其彙，征吉」。

第一爻　**小象辭　象曰：拔茅征吉，志在外也。**

　　拔茅以除舊，除去不符合時代的思維、陋規，革除不好的觀念、東西，將沉疴從內心深處連根拔起，做一次總檢

討，該去的去，不足的，重新補足，以嶄新面貌，重新出
發，開創新格局，打造新氣象，此其一；交泰之際，前景
一片光明，固守陣地非上策，做好拔椿，有志一同（與外卦
六四正應，志交以同，志在外）積極由此地到彼地，征伐人
生、事業，開展鴻圖，創建另一番新氣象，才不枉「交泰」
美意，此其二。

（一）果苗自己栽，惡習自己除。

　　欲成長、成功，首要之事，拔起堅不可破的意識，如同
在花園拔除茅茹雜草，徹底清除雜念，整理整頓思潮、思
緒，彙整有系統運作之程序，征戰內心之魔咒。

　　每人都有成功機會，成就之前，嚴以律己，摒除不良習
性，拋開不健全思維，如拔茅茹般從心裡拔除，持之有恆檢
討改進，趨吉向善發展，征服人生、事業另創新天地。

　　果苗要自己栽，惡習自己除，拔除內心茅茹，彙整思
維、心緒，種子發芽，展望湧現，前往出征挑戰事物，打敗
內心魔咒，銳之以進（初九，陽爻居位，陽剛，主進，主動
出擊），志交以成泰（與六四正應，上下互通），得到甜美
的果實。

☯ 第二爻 ｜ 爻辭 九二：包荒，用馮河，
不遐遺，朋亡，
得尙于中行。

　　地天泰（☷☰），「九二」陽爻居陰位，下卦之中，不得位而得中。「九二」居下卦之中，以剛居柔位，持中以致柔，剛而能柔承上意，上得以通（與六五正應）。之所以通，關鍵在「包容」，「九二」包而能容，包內陽容外陰，成其志同，由內而外擴張包容，謂「包荒」。「九二」領導者（地方首長、基層幹部）具備包容八荒氣度雅量，有助於領導地位穩固，更有助事業版圖的擴展，此乃身處泰卦之「九二」應備素養之一項，餘「用馮河，不遐遺，朋亡」亦是其中必備素養要項。於下一一闡述。

（一）包荒：包容的氣度

　　兩大企業在商業競爭市場，競標殺價雙雙都受到傷害。事後，兩大企業領導者，深知惡性競標殺價對誰都沒有好處，相互包容良性溝通，以化解不快與歧見。

　　溝通期間，突然，蹦出強勁對手，其中一家企業再次受到傷害（九二），另一家企業領導人（六五），見此，伸以援手予以鼓勵，終於走出陰霾，之後，兩大企業領導人，爲

了共同利益捐棄成見，志同道合，聯手組織策略聯盟，造就事業蒸蒸日上，這都要歸功於領導者互相包容的八荒度量，「包荒」。

競爭對手無時不在，自己跟自己的內心、自己與別人、自己與其他，有了對手就有衝擊和壓力，以競合代替競爭，八荒包容度量，容內陽納外陰（指九二），「內陽而外陰」上下交，不僅給其他企業機會，更為事業創造登峰造極的機會，不但，贏得漂亮，成就也受到肯定。

（二）用馮河：果斷力

子曰：「暴虎馮河，死而無悔者，吾不與也；必也臨事而懼，好謀而成者也。」

子路問孔子：「您如果統帥三軍行軍作戰，希望誰跟在一起？」

孔子說：「喜歡空手打虎、無舟渡河而以徒步過河（暴虎馮河），自以為勇敢卻不怕死的人，我不與他在一起，我要遇事善於運籌帷幄，謀定而後動，成就事功的人。」有勇無謀的果斷力，不足以取，果斷力須有睿智配合。

　　領導者須有睿智果斷力，碰到問題儘速判斷及速決策，不畏艱難勇敢解決。勇氣若少睿智判斷，「用馮河」，那只是匹夫之勇，不足取，反會誤事。碰到問題或困境時，常出現不同的處理方式，一種是經過睿智判斷，果斷決策，盡快解決問題，免生後患。

　　交泰之來，太過衝動也不好，務必除暴虎馮河的脾氣，用睿智果斷力勇敢行事，是領導者溝通應具備的素養之一，冷靜沉穩態度決斷亂源，讓事業在快刀斬亂麻果斷處理下，不受問題牽連，勇往不懼進行發展。（意味用馮河之勇氣可也，有勇無謀之舉則不宜。九二持剛中以致柔，取其勇之果斷力，去其無謀之頑愚。）

（三）不遐遺：高瞻遠慮的視野

　　不遐遺，不因邇(近之意)而忽略遠處，凡事深思熟慮，環顧周遭及於細微之末，才不致遺漏鄉野的賢能人士，隱喻，「泰」之來，「九二」領導者應具備宏觀氣度，高瞻遠慮視野，看清活動真相，精準眼光，創新觀念。

　　凡有遠見，來自高瞻遠慮沉思，視野來自細小遐遠推績，環伺全局「不遐遺」細枝微末，綜觀遠近、大小細節，詳盡規畫無遺漏，為之決策、政策。思所不能及，避所不能

至，風險盡在細節之中，**趨利避害**，防患未然，以此建功立業，必然無所遺。如下有個故事，不妨細品體悟。

颱風天侵襲，使得低窪地區常受淹水之患。有個批發商，每每聽到颱風欲來，都讓他寢食難安，徹夜難眠。

他左思右想，還是得想個辦法，解決問題。因此，找到一家地勢頗高的倉庫，他承租了下來。每逢聽到颱風的消息，就將貨源堆放在承租的倉庫裡，雖然，有些距離卻很安全。

直到有一次，來了大水，所有街道幾乎被水淹沒，附近店家，通通泡了水，唯僅剩他承租的地方，安然無恙，批發生意好得不得了，整個倉庫貨品，幾已全部出清，足足是他數個月的業績。後來，同業佩服他，說他有獨特的眼光和遠見，雖然，付出多一點成本，卻也給他帶來豐碩的成果，也免擔心害怕。

遠見來自於親身經歷，「高瞻遠慮」眼光來自「細小遐遠」之事，擁有獨特遠見者，從實際經驗記取教訓，成就好眼光，縝密思考解決問題於未然。

（四）朋亡：公平

公平沒有一定標準，來自於雙方接受程度。做生意或談事情，你情我願不覺不妥，沒有不服、不情願，就是公平感受，從理性感受以成就公平概念。

領導者，必須有公平概念的思維，它是鞏固地位重要的元素之一。領導者，適度掌握部屬心態，除卻不公平心理，從中建立公平概念，獲得眾多部屬認同，公平就在其中。

居「九二」者，凡事應以大局為重，莫為圖少數人之利益，傷害公平正義概念，非領導者所樂見。記住，「不平則鳴」效應，大則傷害國家利益，小則傷害個人威信，「朋亡」警示「九二」，不要為圖少數利益，犧牲大好前程。

地天泰（▆▆），「九二」下卦之中，「中行」謂九二的德行。大度能容，果敢決斷，高瞻遠慮，公平無私依此四大原則待人處事，就合乎九二的德行，「得尚于中行。」

第二爻　小象辭　象曰：包荒，得尚于中行，以光大也。

小象辭從大度能容，果敢決斷，高瞻遠慮，公平無私四

大原則，特別點出「包荒」這一點，指出雍容大度是領導者與之溝通的最基本素養。

「泰之來」，「九二」與「六五」得中卻不得位，不得位乃各自居其位，得以持中之道，不偏於剛、柔之一方，包荒大度容納對方，剛柔並濟，含弘事理，光大理念，「包荒，得尚于中行，以光大也。」

領導者，與人溝通，放下身段，放下身段是爲了便宜上下溝通，也就是爲什麼小象辭點出「包荒」的原因，它是溝通首部曲。「包荒」爲九二領導者應具備德行之首要，融入日常生活之中，光明亨通含弘其大，無論事業、人生，「得尚于中行，以光大也。」

泰之來或創建「泰」之來，身居「九二」者，得以持中之道，剛中以致柔，完備如下之修爲、修養（1）「包荒」有容乃大襟懷；（2）用馮河，取其勇去其無謀之果斷力；（3）不遐遺，去除短視、短利以成就高瞻遠慮視野；（4）朋亡，摒除親疏，公平對待所有（人、事、物等），以含弘事理光大理念，與上交（與六五）求志同，成就事功造化人生。

☯ 第三爻｜爻辭 九三：无平不陂，无往不復，艱貞无咎。勿恤其孚，于食有福。

地天泰（▦▦），「九三」陽爻居陽位，得位，主進，且進之又進，到達三陽爻最上方，陽剛已至極盛。大自然的規律，物極必反、盛極必衰，否極泰來、周而復始乃其至理。

人的一生，沒有永遠處於平順不變的道理，有高低、有起伏；天也沒有永遠是春天，有春、夏、秋、冬四季更替，不論人與天地，沒有永遠一成不變的，自然規律隨著時、空，該變還是要變，規律中隱藏著不規律因子；不規律中也隱藏著規律因子，互為表裡，這也是為何易理內涵，一再提醒應有憂患意識之因。

世界無時無刻不在改變，「無常」孕育「有常」的泉源，不順裡蘊藏順的因子，順與不順的往復來往，造就人生起伏高低，「无往不復」；世上，沒有永遠處於平坦而無高低起伏的道理，「无平不陂」；唯在不順、不平之際，仍能堅守初衷維持誠信，將來必有後福，「艱貞无咎。勿恤其孚，于食有福」。

（一）忠臣與孝子

有順就有逆，有去就有回，有平就有陂，有人今朝一帆風順，過些時候，感受無常已至，物極必反由順轉逆，造成盛極必衰，這是自然現象，勿須驚慌。

人生得意須盡歡，今朝有酒今朝醉，莫使金樽空對月，愜意之時莫忘失意之來，如何以對？無常造成不順、不平乃自然規律之常態，何須惦記在心頭，重要的是在不順、不平逆境裡，保持平常心，培養逆來順受的抗壓性，無常帶來，反而是愈挫愈勇的養分。

太平時期的順境，看不出情操大的變化，混亂世代的逆境，品德好、壞立判分明見真章。亂國出忠臣，寒門出孝子，非忠臣、孝子跟平時有何不同，而是世代消長改變人的觀念。

本來，世上有好有壞、有起有落、有平有陂、有往有復，乃自然常規，難得的是在艱難中，忠臣與孝子仍一本初衷，緊守分際對國家盡忠、對父母盡孝，一本如常，久而不改其志，乃是有福的中堅分子，他們的精神受人敬仰、尊崇，「无平不陂，无往不復，艱貞无咎。勿恤其孚，于食有福」。

（二）堅持一本初衷

　　一般人的感覺裡，人生不是前進就是後退，向前進取的人生，帶給人的印象乃成功者所屬特質；向後退卻的人生，帶給人的印象乃失敗者所屬特質。但在「易」經思維裡，向前進取是人生另一新紀元的開始，向後退卻是人生孕育新能量的開始。向前行的新紀元，成就直線智慧生成；向後退的孕育，成就大度襟懷圓滿。

　　稻子直挺成長，是智慧向上成長的示現；稻穗向下彎腰，是大度能容謙順含藏，人生修為要像稻子一般，該進則進而不疑，直挺勇於成長，增進智慧；該退則退，屈恭功成不居，增長謙順。凡事，知所進退，安泰保盈於久長。

　　人生途徑總有崎嶇不平坎坷難行時，有如「无平不陂，无往不復」，身處逆境滑鐵盧，記住，從跌倒處，彎下腰抓起一把經驗之沙，為其滋長成功養分，挺起腰桿重新站立，才是一個難能可貴的勇者。

　　泰之來，有成功者就有失敗者，成功與失敗是一體兩面。事業有成者，不畏事業路途之顛跛，始終如一不改初衷，馮著堅強意志力，化失敗為經驗，接受時勢挑戰，用「勝不驕，敗不餒」心態，體悟人生歷練，創建「泰」之來，而有今天的成就。

一本初衷秉持善的堅持，讓人問心無愧，亦是成功者的修為。成功者，逆來之時，堅定決心、意志，和光同塵順受時代試練，不畏人生路途之顛跛，失去終將回復，在於一心堅守、堅貞，守著心中道，無有悔咎，只有感恩，感恩上蒼賜了一個誠摯的心，品嚐人世間的種種，成為一個有福之人，而有今之泰來，而有創「泰」之來的福份，「无平不陂，无往不復，艱貞无咎。勿恤其孚，于食有福」。

第三爻　小象辭　象曰：无往不復，天地際也。

從自然現象而言，天地相交，天之氣上升，地之氣下降；陽氣降於下，必復於上；陽氣升於上，必復於下。故而可知，天地陰、陽交互感應，而有氣之下降，為雲為雨；氣之上升，為雲霧為水蒸氣。

天地各有分際，大地順承天，而有日月運轉，寒、暑更替；暑來則寒去，寒來則暑去，春、夏、秋、冬四季更迭，本來自然。「泰來而否極，否極而泰來」人生常態，不改初衷常在我心，居安思危心存憂患，「失而復得，得而復失」平常心對應，改過向善，持盈保泰惠人生。

綜觀歷史，社會進步、人類進化，皆因繼往開來，往來復返，代代更替，代代相傳，而有今之社會結晶，「成敗、

得失、興衰」往復來去，江山代代有人傳，而有今之人類
進化之多采。磐居大地仰望天，日落月升、月落日升，
繼而不斷，造就天地間的大千世界，「无往不復，天地際
也」，來了又去，去了又來，天地際遇就是如此，常在我
心持盈保泰。

☯ 第四爻 ｜ 爻辭 六四：翩翩不富
以其鄰，不戒以孚。

地天泰（☷☰），「六四」陰爻居陰位，得位，上卦之
初又得下卦「三陽」前來襄助，高興的翩翩起舞像鳥兒在空
中飛舞一般（比喻人處得意情景），得人和與地利又得天時之
垂愛，喜悅情懷，無以倫比。喜悅無可厚非，但不要忘了，
將好處分享於人（回歸現實面，無利難以誘人與之交），
「不富心態」對待周遭，不富心態又是什麼？虛心、謙順態
度，承上啓下和悅以對，無有大小、高低分野，施予恩澤，
獲得誠服。「不戒以孚」又是什麼？

「不戒以孚」心中有誠，上下相交示之以誠，無有戒惕
釋出真心，上下消息交流謙順以對，「你相信我，我相信
你」三陽志同開泰行，共赴前程創「泰」來。泰卦，最怕的
是任我行：驕傲。「驕傲」易得意忘形，難能溝通，任憑有

多少的三陽也開不了泰。

　　驕傲心態，容易剛愎自用，喪失柔順本性，難以溝通。一時的風光、一時的得意，只是曇花一現的順，莫要心喜若狂，「花無百日紅，人無千日好」，花好是一時，人好也是一時，還是謙順得好，持盈保泰始得久長。

　　「不富」心態，承上啓下，「虛心、謙順」上下交，和融與共而志同，不但好，且能變得更好；「虛心、謙順」有如成熟稻穗一樣，果實越飽滿，身段越低，成就愈高，身段愈柔軟，愈能受到愛戴和擁護。「六四」翩翩不富以其鄰（指內卦之三陽君子），得到的是「不戒以孚」的君子心，心情自若，就會像鳥兒飛呀飛，自在消遙歷練人間事，「翩翩不富以其鄰，不戒以孚。」

（一）解除心防的利器，虛心存誠。

　　「驕傲」就似一道牆，讓上層防備，讓下屬生戒心，防備、戒心夾在中間，讓人處處受到制肘，圈在框框難以揮灑。「虛心」受教則是破除「驕傲」利器，因爲虛心而有多餘空間容納；因爲虛心而有寬廣心胸，視野變大、眼光變遠。

「虛心存誠」虛而能容，有容乃大，不計較、不爭功。因不計較，而無隔日仇；因不爭功，而無利益恨，無咎、無悔、無心中怨，眞心與之相交「不戒以孚」，友人會像鳥兒翩翩飛翔，奔向你的身邊，「虛心」好處多多，不須本錢，只要眞心，它的無形價值絕對超過有形價值。

虛心謙恭受人尊重，亦可讓人解除心防，願意與之親近之良方，讓事業、人生更上一層樓，解除心防的利器，非「虛心存誠」莫屬。

第四爻 小象辭　象曰：翩翩不富，皆失實也。 不戒以孚，中心願也。

陽爲實、陰爲虛，因「六四」陰爻居陰位，皆陰失陽（此一解，另上卦坤皆陰爻，此二解），故曰「皆失實」。虛而不實難成事，亦難成泰，故而需有「陽」之來，才得以成泰。

「六四」因失實之故，必交「陽」以得實，「翩翩」像鳥兒由上往下飛，內交陽；「不富」乃以虛受陽，排除「不自」意識之謂。

「不自見，故明；不自是，故彰；不自伐，故有功；不

自矜，故長。」不刻意強調見識、見解的人，反而能夠看清真相；不自以為是的人，反而能夠客觀判斷是非、對錯；不自誇才能的人，反而能夠得到成功；不自負自滿的人，反而能夠汲取新知求進步。

「不自見、不自是、不自伐、不自矜」皆是翩翩不富的修養，能自見而不自見、能自是而不自是、能自伐而不自伐、能自矜而不自矜，「六四」皆失實，內交陽以成泰之素養：「虛心謙恭」。

「六四」「翩翩不富」之舉，「皆失實」之故（虛而不實，不實謂之失實，取其虛，故皆失實乃虛心之隱喻）。之虛心謙恭以交下，為下者（內之三陽之君子）受其感召，出自真心與之交，上下志交以成泰，是「六四」衷心所期盼的願景，「不戒以孚，中心願也。」

總結，「六四」上承「六五」之壓力（六四乃古之君王近臣是也），下要溝通內卦之陽，然「以陰乘陽」，似力有未逮，成了夾心人物，而有「不富」不獨富自有（指的是意識性思維，意即不（獨富）自見、不（獨富）自是、不（獨富）自伐、不（獨富）自矜，內交下卦之陽以成泰。

總體言之，上卦坤之三陰爻，皆失陽（失實，陽為實，陰為虛），今「六四」內交陽以成泰，虛心謙順示之以誠，

不設防、除戒心取信於內卦之陽，與下交而其志同，乃中心所願玉成志事，「翩翩不富，皆失實也。不戒以孚，中心願也。」（今之語言，「六五」領導者託付交辦任務於「六四」，六四有心無力，只好向下求助於有力人士：陽爻之君子，既然有事相求，虛心存誠，有力人士，受其感召，鼎力相助，成就六四「中心願」，對六五領導者有個好交待。）

☯ 第五爻｜爻辭 六五：帝乙歸妹，以祉元吉。

地天泰（☷☰），「六五」在尊位，居上卦之中，陰爻居陽位，得中不得位（不得位乃指居其位不得任柔以行，亦即柔弱），得以持中之道，柔而能剛，通權達變，權宜應用。帝乙是商紂王之前的商王。「歸」是嫁，「祉」是福的意思。

帝乙與「九二」相應，爲了穩固商周地位，把親妹妹嫁到周部落的諸侯，以聯姻維持雙方良好關係，避免發生政治、軍事衝突，所採取的和平手段，一切以國家利益爲「福祉」，爭取雙方政治利益爲主軸，利用「帝乙歸妹」手段達到最好的結局。如漢初高祖劉邦與匈奴，採取和親同出一

轍，盡可能維持聯盟合作關係，避免戰爭發生，以和親達到
和平目的，以政治手段解決國家安全問題。

　　「六五」在尊位，柔中居尊位，下應「九二」，虛心求
取賢能之士，不以領導者尊位自居，而以誠心示下廣納賢才
（如帝乙歸妹心境，將其視之爲親人或左右手般的重視），賢
者受其感動，願效犬馬之勞，以保事業安泰。

（一）**不記舊惡，誠心得良相。**

　　歷史上有名的貞觀之治，因唐太宗宏觀有遠見，惟才是
任，造就唐朝盛世。魏徵原是太子李建成的屬官，魏徵曾
力勸太子李建成除掉唐太宗，但唐太宗認爲魏徵是各扶其
主忠於其事，不僅沒有殺他，且以尊位就下求賢，誠心與
之相交（亦如帝乙歸妹心境，將其視爲委任大任的左右手
般的重視），魏徵被唐太宗的誠心感動，願盡犬馬之勞，
事奉君主。

　　話說「除掉」兩字是何等之事，非有雍容大量，難以容
之。唐太宗對魏徵作過深入考核，知其品德操守與才能，著
予以擢升重用，於貞觀三年任他爲宰相，引起舊臣幕僚力
抗。唐太宗鏗鏘有力對著朝臣們，說道：

「朕以天下爲家，不能利於一物。惟有才行是任，豈以新舊爲差。」

拒絕某些開國功臣與舊部屬關說，根據品德操守選賢與能，分別授予不同官職，唐太宗納賢臣、容諫言，不記舊惡，誠心得良相（魏徵），而有唐朝貞觀之治的盛世。

第五爻　小象辭　象曰：以祉元吉，中以行願也。

「以祉元吉」，「六五」柔中居尊位，雍容大度誠心下應「九二」，信任剛中有能「九二」德者，下放權力交由執行，「中以行願」出於心中意願，虛心與下交求志同（六五中央單位對九二地方單位，上下交往互通以求志同），以成「泰」卦之行，「以祉元吉，中以行願也。」

古之代天子（六五）巡狩的地方官員（九二），由天子授權代理天子巡查民情，「中以行願也」。賜一支上方寶劍，憑著天子所賜寶劍，遊走民間平反不公，手握先斬後奏實權，一切出自於天子意願予以授權，才能有足夠的權力，徹查案情，昭告天下，宣示天威，以得民心，讓政治清明民情敦厚，國泰民安以得福，當然大吉，「以祉元吉」。

第六爻 | 爻辭 上六：城復于隍，勿用師。自邑告命，貞吝。

　　地天泰（▤▤），「上六」陰爻居陰位，得位，居卦之最上，泰卦的極點，物極必反，而有終而復始，宛如保疆衛土的城牆崩壞倒塌，土堆又回了溝，恢復到原來的平地。古代，築城是爲了安全的屏障，利於保疆衛土，築城須要材料泥土，挖土以築「城」，形成的溝就是「隍」，是城下的溝，爲防護城的城池之溝。一旦，城堡崩塌，土堆又回了溝，恢復到原來的平地，「城復于隍」。隱喻「泰」的時代到了極至，將回復到之前的非「泰」狀態之可能。

　　爻辭特別提醒「上六」處「泰」之極，當要深思「物極必反」的道理，就像天下間沒有永遠不倒的城牆一樣，歷經歲月的歷史，眼看高牆起又見高牆塌，自然規律及於天下之道皆然。一旦，發覺城堡崩塌（城復于隍）現象，當要警覺，國勢已弱，泰極將否的徵兆已現，不宜動用干戈或大量資源，勿用師（不宜興師動眾）。

　　「上六」身處「泰」之極至，「內健而外順」：乾在內卦，德是健，坤在外卦，德是順；「內君子而外小人」。「合久必分，分久必合」告之，泰之來以合（內君子而外小人，至此已合爲一體與共），合作順到極點，想到、看到的只有一個「順」，問「逆」爲何物？不知。

　　身處「泰」之極至的「君子與小人」，早將「逆」的概念，拋之已盡、已遠，只知「泰」之順，忘了「泰」之逆，若不知思患預防（若不知未雨綢繆，防患於未然），終有一天，會如「城復于隍」，城堡崩塌，土堆又回了溝，恢復夷爲平地的樣子。身處「上六」領導者，注意啊！這正是「泰」極將否之前兆，逢此，不宜興師動衆，又該如何？自邑告命。

　　自邑告命，簡單的說，先顧好自己（國家、團體或個人的城池），並告誡自己「泰極將否」的事實，律己以生聚教訓，保留實力，以圖東山再起之機，再創「泰」之來，若是執意堅守「泰」之順，忘了「泰」之逆，仍然興師動衆，大興土木，加劇頹敗崩壞速度，「貞吝」。

　　一是「留得青山在，不怕沒柴燒」，生聚教訓重啓爐灶，總有泰來時，或「持盈保泰」於長久；一個是只知順的利，不知逆的害，「城復于隍」。居「上六」之位的領導者，一念的轉圜善與否，決定將來前景，有其不同的境遇，應愼思再愼思！

　　身體健康到極佳狀態，當累了，生病了，攤了下來，就該調養休息，否則，倒了下去，就如「城復于隍」一般，身體崩塌，躺在床上，因此，千萬不要逞強，「勿用師。」國家生病弱了，應該生養調息，絕不可輕啓戰端，否則，後果

堪慮。

國勢弱、身體弱時，律以告誡，調養好體質要緊，機會有的是，雖然有些遺憾，爲了長遠打算，還是值得的，「自邑告命，貞吝。」調養保存實力，才有東山再起的機會；如果逞強失去根基，「泰」極否至，很可能失去的是全部。

泰之終，順之極，只知道泰之順，不知泰之逆，不及早防患，必然造成泰之終、否之來的結果，如城牆傾倒而回復于隍矣，夷爲平地。

發覺情況不對，好事已去，難以回天，絕不強勢作爲，故曰「勿用師」；事已臨頭，泰之終，應保留實力，雖然有些小瑕疵，終能保命，故曰「自邑告命，貞吝」。

第六爻 小象辭 象曰：城復于隍，其命亂也。

城牆崩塌，成了一堆廢土，回填城溝，夷爲平地，「城復于隍」，泰極將否命運已現徵兆，將回復至非「泰」狀態發展，在於「其命亂也」，只知「泰」之順，忽略「泰」之逆。

易經理論基礎，強調趨吉避凶，亂就要撥亂反正，律己

整頓作爲、吏治，轉逆爲順。因此，領導者，泰之極之來，居安思危，不任其腐化，保有居安思危憂患意識，律己反躬自省，正本清源整飭亂源，才能轉逆爲順，持盈保泰於長久。

創業艱難，守成不易，不可自滿既有成就，唯有「上下一心」不斷求變、求新，開創新局力求發展，扭轉停滯不前的「矛盾和紛爭」，「上通下達」創新觀念注入新動能，穩中求進持盈以保泰。

盛極之時，居安思危，一旦頹勢顯露衰退現象，首要任務，保留根本、保存實力，不輕舉妄動、不逞強鬥狠。「上六」領導者，處「泰」之極，態度要明確宣達，行事要光明磊落，兼容並蓄(上下之能)，剛柔相濟（內外之動），擇賢與能，整頓內外（人、事、物），穩住大局以定上下，「創命」以解「命亂。」

第拾貳卦

天地否 乾上坤下

12 第拾貳卦
天地否 乾上坤下

第**一**章 | **卦辭　彖辭**

第一節　卦辭

否之匪人，不利君子貞，大往小來。

「大往小來」是以天象陰陽盈虛消息說理。「乾」上
卦，乾爲大，向上爲往，故曰「大往」；「坤」下卦，坤爲
小，向下爲來，故曰「小來」。（此段內容可參照泰卦，加
以比對，更易理解。）

「天地否」，上卦乾，純三陽爻；下卦坤，純三陰爻。
闡述「天地否」（☰☷），先從各「爻」所居之位論述，
較易理解，之中除第二爻（九二，陰爻居陰位，居下卦之
中，得位得中）及第五爻（九五，陽爻居陽位，居上卦之
中，得位得中，亦即具備公正、公平原則以對事物之謂），

餘皆不得位，告訴我們什麼呢？

　　天地否（▤▤），兩兩分，「初與二爻」，地利得其一，「六二」居下卦之中，以陰居柔位，持中以柔承上意，雖獲（九五）正應，但上陽爻，個個剛強，以柔（六二）承剛（上卦乾之三陽卦）以通，似乎力有未逮，難以完勝「地利」之便，仍須長期努力；「六三」爻與「九四」爻，皆不得位，難以順利統合「人和」，故而有「否之匪人」；「五」爻與「上爻」，天時得其一，「九五」居上卦之中，以陽居剛位，持剛中（公正、公平原則）以行，剛正以應下卦坤(以六二爲主之三陰爻，以全「天時」之目的。

　　天之道，乾爲天，坤爲地；天在上（乾），地在下（坤）。天之氣在上，向上而不下降；地之氣在下；向下而不上升，上下兩氣不相互通不相交往，形成了「否」的現象，是天地背離，陰、陽氣閉塞，不相往來，上，上不去；下，下不來。上不去、下不來造成萬物不能順暢交流，「否之匪人，不利君子貞，大往小來。」

（一）好漢不吃眼前虧，識時務者爲俊傑。

　　有位知名作家參加宴會，席間，台上佳賓敘述了一個非常感人的故事。那位說故事的先生，不知引用的正是這位

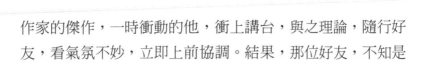

作家的傑作，一時衝動的他，衝上講台，與之理論，隨行好友，看氣氛不妙，立即上前協調。結果，那位好友，不知是昏了還是腦筋有問題，說道：

「老兄，不要太計較，這位先生引述的不過是個故事吧！」

氣得這位作家說不出話，好不難過。等到宴會結束，作家馬上質問好友，問他是怎麼一回事。朋友聽他的口氣，知他怨氣難消，就等他發飆完後，告訴他說道：

「我知道那是你的作品，但，對方是公眾人物，你當著多人的面前質疑他，他沒當面跟你對峙，他的度量算好的，要是換成是你，你會怎樣？」況且，那是他舉辦的場子，不給主人留個面子，也就算了，話說回來，底下的那些人會為你還是為他，你想清楚了沒？有一段話是這麼說：

「好漢不吃眼虧，識時務者為俊傑。」

「人家是主，我們是客，場面弄僵了，誰都不好看。好吧！就算你百般有理，不錯，是人家引述你的作品，難道記錯名字，那些來賓會在意嗎？我想，沒那麼大的效應吧！反過來說，要是當場拆穿，人家反而會說你的度量不夠，最後，難堪的又是誰？」

　　爭一時，也要看時機，場合不對，肯定吃虧，何況成員大都是他的佳賓。某些時候，爲了面子，是幫人不幫理的。千萬記住，有理走遍天下，無理寸步難行，是講對的場合、對的時機。如若不是，要識相些，就像易經「否卦」，正是你目前的狀況，「否之匪人」；裡面十之八、九都是他的親朋好友，你讓他下不了台，他也不會讓你好過，不是嗎？「否卦」還告訴你，不宜爲了面子，堅持己之立場，「不利君子貞」；更告訴你，即使你振振有辭，看似大快人心，舒發情緒後，眞能夠得到好處嗎？人家自尊心受創，也不會給你好臉色看，到時怎麼收場？因此，「否卦」的「大往小來」警示你，不論花多大的心血，場合、時機不對，換得的只有一小小的回應，那不是白費工夫嗎？

　　「否卦」之不通，時機不對，場合不對，對象也不對，總之，天時、地利、人合都不吻合當前，才有上下消息不通的疑慮，促成有理說不清之情景，「否之匪人」是必然。保留有用籌碼，勿爲口舌之爭，惹來麻煩，莫須身外逞英雄。若要堅持立場，力爭到底，得到的反而是不利的局面，「不利君子貞」。硬是爭到底，花了大半心血，到頭來給的只是「道歉或遺憾」口頭語，一點小小的回收，不划算還不打緊，怕是惹來大的麻煩事，有得受，「大往小來」，賠了夫人又折兵，就慘了。

第二節　彖辭

　　彖曰：否之匪人，不利君子貞，大往小來，則是天地不交而萬物不通也。上下不交而天下無邦也。內陰而外陽，內柔而外剛，內小人而外君子，小人道長，君子道消也。

　　「否之匪人，不利君子貞，大往小來，則是天地不交而萬物不通也。上下不交而天下無邦也。」這段文辭，在前卦辭已有說明，於此概略引述。

　　天之道及於人道，人與人不相往來，上下不通，形成上層與下屬不相溝通，各自為政，民意難上，政令難下，必然失序紊亂。

　　天地否，上乾下坤（☰☷）陰在下（坤卦之三陰爻，在下、內卦）在內成長，將陽（乾卦之三陽爻，在上、外卦）驅使向上往外發展，陰、陽上、下不相往來，上之領導階層與下之部屬或人民，「下者恆下、上者恆上」上下不通，各行其政各行其事，治理失序，制度紊亂，促使小人當道，崛起得勢於內，君子弱勢被排擠在外，尤如天下處於無政府狀態，「否」之象，「否之匪人，不利君子貞，大往小來，則是天地不交而萬物不通也。上下不交而天下無邦也。」

　　「否」之來，造成閉塞時代來臨時，「人和」處於不利

狀態下，處處遭逢道之難行，有志難伸，不利君子一成不變的守在那，「否之匪人，不利君子貞」；大的前往朝庭外，找出路，小的來到朝庭內，找門縫，好的人才往外跑，沒有才能的人拼命往內擠。（外：人才外移、產業外移、君子外移等等；內則拉關係拉朋結黨，小圈圈圖權牟利，非我族群的排他性等等。）

否卦（䷋），內為坤卦（☷）全部是陰爻為柔，故曰「內陰、內柔」；外為乾卦（☰）全部是陽爻為剛，故曰「外陽、外剛」，內外總體言之，「內陰而外陽，內柔而外剛」。

否卦（䷋），內為坤卦（☷）全部是陰爻為小人，故曰「內小人」；外為乾卦（☰）全部是陽爻為君子，故曰「外君子」，內外總體言之，「內小人而外君子」。

陰為「匪人」或小人，陽為「君子」或大人。就如昔之君王專權時代，處「否」世代，「內陰而外陽，內柔而外剛」，小人得勢在廟堂把持朝政。狐假虎威；君子被外放，難入廟堂。廟堂裡，小人得志日漸得勢，其道成長；君子失志引退歸隱，其道日漸消退，「內小人而外君子，小人道長，君子道消也」。

泰是通順，好；否是閉塞，不好，二者相反相成。事有

一體兩面，有好、有壞可以相互轉化，陰中有陽，柔中有剛；陽中有陰，剛中有柔，好到極點可以變壞，壞到極點可以變好，唯心所造，事在人爲。

　　盛極而衰，否極泰來的辯證法則，好的年代居安思危，不好的時代心存憂患。世上沒有永遠不變的道理，安穩順利的環境裡要「居安思危」，不能只圖偏安耽於安樂，忽略危之將來，樂觀中抱持遠慮，順利中抱持憂患意識，戒愼恐懼面對時代衍化，不致陷入危機之中，造成盛極而衰的現象。

（一）小來使人失去警戒心

　　不如意者十之八、九，強調的是人的心態。如意的時候，伴隨來的就是不如人意悄悄的一點一滴的到來，故曰「小來」；耽於安樂，忘了危機，日積月累儲存不安因子，接二連三的不如意，逼使人不得不處理，即使大費周章耗盡心力，也只能收到小的績效，「大往」而「小來」的情景，就是「否」之將來的現象。

　　美好境地讓人沉醉，忘了物極必反、盛極必衰，危機已恰恰地在周圍環繞著，危機小小的從周遭慢慢來，潛入意識深層，不知不覺中的「小來」，讓人愈陷愈深，也因爲像被針扎一下的不自覺，失去警戒心，成了溫水中的青蛙，不知

已身陷險境之中。針扎的次數愈來愈頻繁，身置其中的人們，一時，難於改變心態，還拼命沉醉在美好境地，結果是大筆做人生大投資，回來的卻是小的可憐，「大往小來」促成個個慘兮兮。

　　否之到來，不明究竟的「匪人」，被修理元氣大傷；有見地的「君子」，發覺情形有異，戒惕在心，在「邦有道則仕，邦無道則隱」原則下，保留有用身，避免受到衝擊和傷害，是「匪人」與「君子」在否之到來，處理方式之差異於此。

　　「大往小來」的過程中，「匪人」著重眼前小利益，忘了危險的進逼；「君子」，步步為營，避開風險，等待風雲再現之機會。

（二）改變觀念以破解宿命魔咒

　　有些人，外表看似強硬果斷，做起事卻不是那一回事。眼光短淺的「小人」，著重眼前利益，初，順己意去做，想與做的差異不大，大環境不斷衍變，少了內求精進，未能隨時、空的變化調整步伐，以致漸行漸遠脫離現實，隨之而來的是危機。身為「君子」者，在「人無遠慮，必有近憂」隨時空變化，不斷吸納知識改造觀念、創新觀念超越現況，持

盈保泰於最佳狀態。

變與不變，關係「否」與「泰」的關鍵，「否」的來臨，更要洞察機先，防患於未然。小人或「匪人」，面對「否」的來臨，苟於短淺利益不思圖改進，被大環境浪頭沖昏了，忘了前浪還有後浪，勢必會被時代所淘汰。君子者，身處「否」的來臨，時刻警戒審慎檢視，進德修業完善德行，超越時代浪潮，而能免於被浪頭吞噬之危機。

宿命者所以宿命，就是停留在原地，不思改進，面對「否」的來臨，處理事物，一昧用鋸箭法，注定命運止於此，外面天地雖大，上、下不通（難以言教或創新），不論花費多大力量（固沿舊法），回來的效果卻是有限，「否之匪人，不利君子貞，大往小來」。短視作為，非君子之所為，君子，絕不死守一法，善於通變以避不利（改變觀念調整作法），此乃「君子與匪人」差異之處。

人心意向的背離，是促成上層與下層的政令紊亂的亂源，亦是成邦與不成邦的窘境源由，「上下不交而天下無邦也」。逢此，領導者的觀念必須轉彎，改變一下作風以扭轉乾坤。「泰與否」相互轉化，意在觀念改變，居安思危，進德修業，增強憂患意識，立於不敗之地，持盈保泰以求進。

　　「否」之來，上、下不通，產生對立、矛盾，放下身段誠心溝通，打通上、下管道，終能化危爲安。因此，憂患意識建立在人，事在人爲，改變宿命唯在自求，進德修業以完善德行，轉化觀念以破解宿命魔咒，扭轉乾坤再現榮景，傾否而泰來。

（三）成長與退卻

　　太過偏執就會產生偏見，而有固執意識的存在；太過於陰柔、陽剛兩極端，容易促成內、外想法作法的分歧，皆易陷入「否」的泥沼之中。內之陰柔太過（指下卦坤），易流於安穩缺乏進取，遭受衝擊時，易退卻轉爲逃避。

　　人一生當中，不可能永遠處在順境之中。無論如何，別讓柔弱心志在心中把持行止，「外剛強內柔弱」，表面剛強內心柔弱，果而不斷，對事情進展一點好處也沒有；剛正不阿的特性被放逐在外，是很難改變心志的轉向；柔弱得勢，消極心態愈見成長，造成退卻舉動；剛正不阿的特性失勢，積極心態愈見消退，造成小人得道勢力漸長，而大人失勢其道日弱，「內小人而外君子，小人道長，君子道消也」，而有「否」之將來。

　　消極造成停滯，趕不上環境變化之脈動，觀念思維無法

滿足現況需求，難以與世代接軌，失序的步調，造成矛盾與
對立日趨嚴重，因而助長退卻力量的橫行。

消極者，似乎忘了，力量是由點滴積累而成，一旦鬆
懈，衝勁就像洩氣的汽球，失去往上提升的動力，退卻蠶食
解決問題的能力，碰到重大事情時，無從應對因而退卻。逢
此，積極創造能動(陽氣漸長，陰氣漸消；君子道長，小人
道消)，主動溝通、協調，壓制消極退卻，破除「內陰而外
陽，內柔而外剛」果而不決的退卻行止，隨著環境脈動，調
整思維轉化觀念，創建新局面。

（四）人無遠慮必有近憂

眼光短淺的人只會計較眼前的利益，看不到未來遠景和
目標。只看眼前成敗，忘了時、空的眞實意涵，忘了今日的
好，是以前辛勞的果實。目光如豆的領導者，常忘了部屬努
力的歷程，忽視部屬的感受、福利，以致眾叛親離。

惡名昭彰的事業領導者，令賢達聞之色變，避而遠之，
好人才不會蒞臨，來的都是待訓的新進人員，爲了短淺利
益，犧牲了信譽和人才，事業發展堪憂。唉！小鼻子小眼睛
的事業領導者，雄心壯志，欲闖一片天地，結果，來的都是
待訓人士，好的人才早被摒除在外，賢達者不願意跟隨，只

見新人來，不見舊人哭，只見小人來，「小人道長」；不見君子來，「君子道消」，來的都是待訓人士，大將主帥在外面，不想跟隨不對的主子，「內小人而外君子」，甚或，連個君子都要不到。

「人無遠慮必有近憂」憂患意識之下，有遠見、胸襟的領導者，不只考慮近憂，內以陰柔含弘各種問題，還必須有遠慮，外應環境持陽剛以求精進，「內陰而外陽，內柔而外剛」積極開拓視野，放眼未來，審慎謀求因應對策，提出長遠規畫，延續人生、事業發展，扭轉「否極」為「泰來」。

第二章 ｜ 大象辭

象曰：天地不交，否。君子以儉德辟難，不可榮以祿。

　　天地否（），天地背離，陰、陽氣閉塞，不相往來，上，上不去；下，下不來，上不去下不來造成萬物不能順暢生長的現象，如人與人不相往來，各自為政，形成上層與下屬不相溝通、不相交感，促成失序紊亂現象，謂之「否」。「否極泰來」強調萬事萬物都存在物極必反至理，人生旅途都在興衰、起伏裡進行成敗、高低活動，沒有長久不變的道理。

　　「否」的時代裡，告訴人們，人、事、時、地、物都不對的時候，能做什麼？儉德避難，不與之對抗，恬淡、沉穩地對待它的來臨，心靜、鎮定從逆境中找出解決辦法，保得有用身，求得生存之道，才有機會轉「否」為「泰」，化「險」為「夷」，扭轉乾坤。

　　「否」的來臨，世道亂了，社會生病了，從上到下充滿不確定因素，人性貪婪，促成人與人互相猜忌、明爭暗鬥，溝通不良，各懷鬼胎，各行其事，君子遇此世道，克制德行一切從儉，不宜大肆渲染才能與能力，不可貪圖富貴、權

位，以避禍端，「君子以儉德辟難，不可榮以祿。」

社會治安不穩定，不肖之徒趁勢而起，光怪陸離超出想像的手法，讓人防不勝防。炫耀名利祿位的高調人士，成了他們下手的目標，不知懷璧其罪的道理，災禍自招怨不得誰。上下不交的反常，造成明爭暗鬥現象，小心謹慎，防患未然作好應變措施。

「否」之來臨，讓不肖之徒、僞君子有機可乘，爲了私利，橫行世道，無所不用其極。逢此世代之君子，應有憂患意識、危機意識，避免遭受衝擊帶來傷害。世道亂了，保得有用身，「儉德辟難」小心爲上，令小人無機可乘；「不可榮以祿」自求多福，進德修業，等待轉機，伺機而動，終能由「否極」扭轉到「泰來」境地。

（一）轉危爲安撥亂反正

人有高低起伏，得意時，不要忘了失意，人沒有永遠處在高峰不下的道理，浪平也有風起時。成大事就大業的先進們，不知經過多少「否」的考驗，才能成就一個「泰」的來臨。他們不時忍受挫折煎熬和失敗痛苦，以剛健意志療傷，孕育力量積蓄勁道向前邁進，而有泰的轉機。

成功背後隱藏無數逆境，成功者由逆境中，重複吸取教訓和經驗，淬取成功方法以成就豐功偉業。豐功偉業，它是無數成功累積的結晶。但，有人總是抓住一次引以爲傲的歷史，了無新意陳述過去功績偉業，不求進步還自以爲是，不給別人參與和施展的機會，那麼別人很快就會對他疏離，也不願意與他多談，更不願意與他共事。

　　接踵而來就是不順遂的來臨。此時不能冷靜以對，後續發展愈來愈麻煩，上下難有交集，以致閉塞，愈來愈不通暢，「否」的來臨，不遠矣！

　　內心的想法和實際作爲，相互矛盾不順暢，不妨，冷靜下來，先袪除雜念，調整思緒回歸平靜，化繁爲簡，去奢入儉，「儉德辟難」防止物慾侵襲，不炫耀也不徒具虛名祿位，進德修業，修身養性充實內涵，力圖轉危爲安，等待時機，撥亂反正，扭轉否極到泰來。

第三章｜爻辭、小象辭

🌓 第一爻　爻辭 初六：拔茅茹，以其彙，貞吉亨。

　　天地否（☰☷），「初六」陰爻居陽位，不得位（在初之位，尚不足以成氣候，成而未成之間，君子與小人就在貞正心志之間），與「九四」正應，居下卦的三個陰爻之最下，就像茅草的根，與之相互牽連，身處上下閉塞不通世代，心結糾纏在一起，彼此取暖、關懷。

　　「初六」即處初之位，何妨，回頭看問題，對過往歷程加以整理（問題之初，涉足不深），看清問題癥結，對症下藥，遷善補過，轉化觀念，從中找到解決方法，按照規畫亨通執行，圓滿改善達到好的結局。

　　拔茅茹，以其彙，拔掉心中疑慮，將問題徹底檢討與改善，從疑慮中找到解決方法，堅守「興利除弊」原則（除去小人之道以就君子之道），解決初始問題，扭轉不利情勢，化凶為吉，亨通事物遂志以成，「貞吉亨」。

（一）拿得起放得下

也許一生平凡無奇，也許人生充滿挑戰，也許事事春風得意，也許處處不順遂。環境變遷影響情緒，促使情緒起伏不定，人生旅程，有掌聲就有噓聲，事業亦然，有興衰起落，有順境有逆境，「拿得起重擔；放得下心思」，拿得起是勇氣，放得下是氣度。

難以力挽狂瀾，為了生存，必須放下還是要放下，包括自尊、財富或祿位。成大功就大業者，絕不會因一時的得失，斤斤計較，形勢比人強，衡量趨勢利害，該捨則捨，否則，讓包袱拖累，消耗殆盡一切，放與不放已經不重要，玉石俱焚，什麼都不存在，還有什麼好放的。

成大功就大業者，瞭解在非常時期，必須採取非常手段，時不我予，毫不猶疑，放下身段，拔除心中寄望後求生，整理思緒，調整步伐，「興利除弊」面對人、事、物和地，重新出發，不斷尋求突破，終有柳暗花明又一村的出現。

第一爻 **小象辭　象曰：拔茅貞吉，志在君也。**

「否」之下卦的三個陰爻（☷），就像茅草的根，相互

牽連，以人事比擬，就是小人營私結黨的初期，小人勢力剛崛起，還不致於明目張膽的表露。初六志在下，「拔茅」意指拔除小人之道；「貞吉」貞正心志以就君子之道，強調「邪不勝正」概念，以正勝邪，吉。總而言之，「邪不勝正」概念下，身處小人當道之初，正其心志拔除小人之道以就君子正道，匡正綱紀（或正風氣），志在君，志在報效所隨之君。（君，古之隨之主，初六隨九四（為公侯將相），二九隨九五（至尊君主）；亦即今之高官，居權力核心的要員。

「否」之初告誡，小人在集結之初，勢尚弱，身處小人當道的君子，堅守君子之道，通達事變適時而動，不致受制於小人之道，趨吉活動、發展，心存社稷志在君國。閉塞時期，昔之廟堂政治角力互動情形，小人勢力剛崛起得勢，忠臣賢良之大人，正其心志精誠團結，防患小人勢力不斷擴張。

（一）忠於自己，就是君子。

戰勝內心的小人，才可能變成君子。世上「上下、內外」不一之君子，謂之偽君子，「否」之所以為「否」，偽君子充斥，掌握有力籌碼，影響整體生態的上、下不通之現象。人的一生，欲為坦蕩君子，心安理得面對自己，上不愧

天下不怍地。騙得了一切，卻騙不了自己，更騙不了天地，
「眞、僞」本乎一心之抉擇。

　　可惜的是人常被無止盡的欲望誘惑，貪婪失去了自我，
改變志向，到頭來什麼都不是，一心追求的只是幻境，生不
帶來、死不帶去的「名與利」。明哲保身的道理，告訴我
們，逆境中該放下的要放，「名利」暫且隨它去，保得有用
身，貞正心志，忠於自己，做個正人君子，失去終將回復。
（名譽或身價等等）

　　逆境之初，敢於面對事實解決問題，往往是由逆轉順的
最佳時機，君子所以爲君子，勇於面對當前，拔除不善、
不正的雜思欲念，堅持君子之道，不改其志，趨吉發展，
「拔茅貞吉」；唯有忠於自己的人，才能做到忠人之事（隨
其主、隨其君，貫徹實踐意志之成），「志在君」。忠於自
己，做個正人君子，知人先知己，知己先知心，心中有道，
道在心中坐，逆境自消，順境自來，小人去大人來也。

☯ 第二爻｜爻辭 六二：包承，
　　　　　　　小人吉，大人否亨。

　　天地否（☰☷），「六二」陰爻陰位得正，居下卦之
中，陰中有柔，柔中有柔，能容、能包，與「九五」正應以

承，故曰「包承」。「包承」是包容、承受的意思。（眞、偽君子皆在中，故而有小人與大人兩者處世待人之道，各自陳述。）

「否」之來，世道閉塞的時期，見識不足的小人，著重眼前利害關係，爲了利益承受他人開出的條件，包容只是滿足私欲的藉口，得到的是短視淺見的利益，如其所願，當然吉（小人之道之吉），「包承，小人吉」。

「六二」陰柔，如是小人得位，尙不敢明目張膽，只能在暗裡進行利益交換，社會不乏這種現象，簡單的說就是關說。「否」對整體上下是不通的，但，對某些特定人士還是通的，不但通，而且通得很，這也是爲什麼小人當道，紅包文化特別通的原因，只有特定人士的少數人可通，其他正道人士，沒有門路，難。（所謂上、下不通是針對正道以行而言之）

「六二」陰柔，如是大人得位，大人亦即君子，在世道閉塞的時期，「有所爲亦有所不爲」，居其位司其職，盡本分做該做的事，不因外在環境變化而改變志向，不因人設事、不因事設物，一切依法行政，按規矩辦事，爭長久而不爭一時，在「否」之時，「小人與大人」所抱持的看法與見解，有等差之別。「小人吉」的吉是得到「利益的吉」；大人否亨的亨是大人的「道亨」，不因「否」的到來，影響君

子道長的「亨」。

（一）價值觀不同，利益有等差。

有兩個好友在仕途各自發展，正值風雲變色之際，兩人自居其位盡其職，觀念不同，人生價值就不同。

其中一位跟隨主子，穿梭在利益團體，運用職權牟取利益；另一位則安分守己，依法行政，不為利誘，做好本份事。一個只為了現有的利益，雖然獲得不錯的利益，短視的結果，輕意的出售靈魂；另一位友人，瞭解人家施予利益，必有所圖，同樣面對「利益」當前，觀念不同，處理的態度與手法就不同，衍生的人生價值，就有不同的等差。

物換星移的權力移轉，牽連到利益輸送案件，運用職權牟取利益的人，受到波及，遭到罷官去職入牢；另一位，奉公守法，一路平順，節節高升，獲得高層賞識，入閣成為高層重要閣員。很多事情在不同的遠見與淺見的包容與承受，得到的人生價值，竟有天壤之別。

眼光放得太淺，短視讓人看到的是既得利益，失去後面更大的發展空間，尤其在「否」之來，時機不好、環境不佳，某些潛在事物，正在孕育一股力量，「小人」淺見要看

透玄機，不容易，唯有「大人」包而能容，「君子」之道遠見，不爲利誘，「柔中帶柔」含弘無欲則剛特質，看清未來發展趨勢，「君子」之道處其位，一切，依法行政，不論，世局如何衍化，不改其志行其事，雖然，暫無收獲，不過，歷經時光挪移之際，小人與大人的人生價值觀，就有不同的發展，利益誰屬，高下立判。

第二爻 小象辭　象曰：大人否亨，不亂群也。

大人們，身處「否」世代，所以「亨」，心中有道，不隨群魔起舞而不受其擾亂心志，「大人否亨，不亂群也。」

大人們能夠在閉塞不通的世代裡，遵循相忍爲謀的道理（六二陰爻居陰位，柔中有柔，含弘能容，忍其所不能以爲謀），居其位正其職，君子之道，依法行政，亨通事物不受阻礙（事事依法，理理有源）。

人生就像一個舞台，上台也有下台時，時予我上台，時不予我下台；上台是爲了施展抱負、理想，下台是爲了蓄積能量，爲了下一次的上台。大人們的上台是爲了福澤蒼生百姓，絕不無的放矢製造紛亂，下台因閉塞不通世代，「邦無道則隱」，「道不同不相爲謀」保得有用身，進德修業，蓄積能量，等待下次上台的機會。

　　「小人與大人」同處「否」世代，因包容心量與觀念的大小、遠近不同，而有往後不同的發展境遇。大人們雖處「否」世代閉塞不通的環境之中，仍能保持高風亮節的氣度，堅守「君子之道」不改其志行其事，鎮定以對探討亂之源，臨危不亂化繁為簡，找出解決辦法，冷靜、沉著態度解決問題，終結亂源，轉否為泰之來。

☯ 第三爻｜爻辭 六三：包羞。

　　天地否（☰☷），「六三」陰爻居陽位，不得位（居其位，不得以正），因與「上九」正應（上九以陽爻居陰位，亦不得正），皆不得正位，陰、陽違逆之故，而有「包羞」情事之虞。

　　「包羞」隱匿事實，把羞恥心包起來，意味著沒有羞恥心的人，為達到目的不擇手段，毫不忌憚別人的批判，良知愛心擺一邊，利益擺第一，已經明目張膽向人宣示，為了利益，不惜與人撕破臉，拿起開戰牌、挑戰書，這些無所不為的小人，無所不用其極，打擊妨礙他的對手。君子大人們，要特別留意小心，羞恥心都可以不要的小人，避而遠之，否則，易受到傷害、災禍。

　　「包羞」告訴我們什麼呢？有理難伸，無法訴之以理以

解決事物、問題。「伸手不打笑面虎，專打不長眼」，對一切以利益爲上矇蔽心智的小人，才不管對方是笑面虎或不長眼，有利益時，對方就是他的大爺座上賓；妨礙到利益時，對方就是他的敵人眼中釘。

不要臉，只是臉皮厚，不要命，只是受到重大衝擊一時昏了頭，沒有羞恥心的人更是可怕的，他不管你是誰，眼裡只有利害關係，根本不理會一切的說理，碰到這種小人，避而遠之，盡量不要接觸，非不得已要打交道，只能曉以利害權衡得失。

（一）可怕的敵人，小人中的小人。

「有情；感不動，有理；說不清」，面對眼中只有利益、只有私人利害權衡的小人要謹慎小心應對，他們隨時會翻臉不認人，翻臉像翻書變化之快速，非常人所能想像，小人有很多種，但最可怕就是沒有羞恥心的人，往往這種小人又特別聰明、善變。

形勢比人強的時候，可以潛伏在那裡止而不動，能屈能伸非常人所能及，一旦，得勢可不得了，得理不饒人外，順勢清除對他不利的人，更甚者用莫須有罪名加諸於人，強辭奪理迫使人屈服。如果，有所選擇的話，趕快離開這種人

吧！如果，你的老闆是這種人，不如趁早另謀他職；如果，你有這種朋友，不如早點結束，免得受傷害，記住，碰到這種人，能閃避則閃避，他像一顆不定時炸彈，隨時可以引爆，炸得人，遍體鱗傷。

吃人不吐骨頭，夠可怕的吧！還有更可怕的，吃了當事人還不夠，連周圍有關係的人也不放過，就是「包羞」這種人做得出來，因此，不論在政治、經濟或事業，最可怕的敵人就是他。

遇逆境時能屈能伸，一旦，得勢時得理不饒人迫使人屈服，要特別注意這種小人，只能論利害不能論情理，因為他的心裡，只有利害沒有情理。領導者的身邊，如果太多這種人，一旦，下放權力給此等小人，放心，不用耗費太久的時間，很快就衰敗下去，小人中的小人就是「包羞」的小人，當之無愧，唯小人難養之最。

第三爻　小象辭　象曰：包羞，位不當也。

「六三」陰爻陽位不正，只有利害關係，雖說位不當，亦無愧於心，因為沒有羞恥心，根本不在乎別人的批評，以小人居位實屬不當，一旦，位高權重危害的程度更是可怕，小則魚肉鄉民，大則危害國家社稷。

天下之所以閉塞上下不通，就是不當之人居大位，干擾
朝政違法犯紀，造成政令不行政策不通，小人把持朝政，忠
臣良將流放在外，層峰聽不到忠臣良將的建言獻策，致使國
家威信受損，國力日衰，不得不慎。

☯ 第四爻 ┃ 爻辭 九四：有命无咎，疇離祉。

天地否（☰☷），「九四」陽爻居陰位，不得位（居
其位，不得正名其位，其位堪慮，故而以「有命」示之），
又近「君」側，「九四」陽剛，居陰位，有心排除不當的勢
力，卻力有未逮，必須上承「九五」以正名其位之職權，結
合有志之士，「疇離祉」，凝集更大力量，抗衡小人當道勢
力，以扭轉乾坤。

上層的授權以正名，才有「名正言順」身份、地位，清
除小人勢力的正當性。因此，決定吉凶禍福，需視上層的授
權（九五）與有志之士際遇爲何而定？逆境中力挽狂瀾，必
須有人才，非常時期必須有非常措施，臨危授命以正名，
「名正言順」執行任務而無礙，「有命无咎」。

不論古今內外皆然，君主或民主政權，永遠存在權力鬥
爭，歷來不曾改變過。權力移轉風雲變色之際，明爭暗鬥波

濤洶湧，新舊、正邪勢力傾軋，決定政權的政治方向，決定人民福祉與國家盛衰。

濟「否」爲「泰」，必須「有命」：名正言順實權在握。亦如清君側，若沒有君王的臨危授命，根本沒有名目和權力著手查辦，甚至有可能被冠上以下犯上的叛亂罪。

權力移轉或企業轉型，內、外人事權力結構，必然存在棘手問題，急待解決，當務之急，在上高層（九五）必須「名正」授以實權，「言順」以實踐任務，若非如此，「九四」謹愼小心，「傾否」不成反被傾。

（一）處處驚，處處險。

「未雨綢繆」，勸人要有憂患意識，在「否極」轉爲「泰來」之際，更應防患於未然，作好一切可能發生的配套措施，這是大事，不能兒戲，稍有不愼可能導致全盤皆輸，前功盡棄。

否之將去，泰之將來，能否如願，此爻除「名正言順」，心態與堅持不可無。戒愼恐懼嚴陣以待，緊守憂患意識，防患於未然，畢竟正邪、善惡或新舊力量的對立，非一朝一夕所成，所由來得漸矣！

　　歷史見證，瀝瀝在目，斑斑可見，只要出現致命缺口，付出代價會很大，功敗垂成的結果亦不意外，逢此時刻，全神貫注，戒慎恐懼面對處處驚處處險的逆境，扭轉乾坤，傾否以待泰之來。

　　領導者，逢撥亂反正世代，知人善用以「正名」（有命），充分授權以興利除弊，結合撥亂反正志士，抑制亂源滋長，除卻小人的勢力，打擊小人之道，傾否之去，返泰之來，才不負「有命无咎，疇離祉」之精神意旨。

第四爻　小象辭　象曰：有命无咎，志行也。

　　傾「否」，非兒戲，必須有名分，「名正」做為「言順」翻轉為「泰來」的本錢，誰能給予名分呢？當然是當事者的最高領導人物，沒有他的授權決不可行，無名分進行扭轉局勢的大事，真的讓人「無命」當然有咎，命都沒了，能說「无咎」嗎？那是革命非「否極泰來」之扭轉，記住，沒有最高領導者的授權，以正名分，君子謹慎，絕不可大肆作為。

　　臨危授命以正名分，「有命」（名正）的正當性，抱定志向朝「傾否」目標進行奮鬥，「有命无咎，志行也」。如若不是，革命的擔子誰來扛，歷史很多案子就在「名分」正

與不正，記住，私相授受沒有正名分，絕不可爲，自家扛
不起。

「有命无咎」，名正言順面對紛擾動亂，結合有志一同
的君子，行所當行，「无咎」以行。如若不是，僅是臥底見
不得陽光的地下人員，想要成爲撥亂反正的正規部隊，不容
易，也很危險。

無論是逆轉順或陰轉陽，甚或重大事件的轉折，一定要
有名分，「師出有名」而能「名正言順」以「傾否」，意志
不受小人之道的動搖，有助於扭轉「否極」爲「泰來」的局
勢發展。

☯ 第五爻｜爻辭 九五：休否，大人吉。
其亡其亡，繫于苞桑。

天地否（☰☷），「九五」陽爻居至正尊位，上卦之
中，身處至正剛中的地位。「休否」，「否」要休息了，意
思告訴人們，「否之逆」已經告一段落，傾否任務已經功
成，要休息了，由「九五」與君子們，共同努力奮鬥，已然
打通上、下閉塞氣息，扭轉「否極」爲「泰來」趨吉向上發
展，「休否，大人吉」。

「傾否」已成，莫忘前車之鑑，順逆相伴相隨永遠存在，切不可得意忘形，世事難料變化無常「否極」與「泰來」相輔相依，不曾歇息，仍須戒慎恐懼以對。

「繫辭傳」說道：「君子安而不忘危，存而不忘亡，治而不忘亂」，居安時想到可能有滅亡的危機，治理有條不紊時，作好防患措施，防止亂子再發生，心存憂患意識，像叢生桑木的根，糾結在一起，紮實穩住確保安全，「其亡其亡，繫于苞桑。」

領導者在創業建功，好不容易打下基業，擁有實質主控權，若不能居安思危，危機就在安逸中潛伏；若不能保持戒慎恐懼，憂患意識就在懈怠中流失，久而必出亂子。因此，每次「傾否」後，必須銘記在心，記取教訓，防止再犯，雖然已經休否返泰，不可掉以輕心，才能從休否返泰到持盈保泰，固若磐石，穩定發展。

（一）記取教訓以保安康

前些日子有個友人，撞傷一隻奔跑的寵物，心頭覺得怪怪的，認為是不祥預兆，唯恐以後會發生不幸事故。撞傷一隻寵物，固然令人心頭不舒服，扯上無謂預兆，只能說是迷信過頭。該留意的是事情的真相和自身作為的缺失；是否交

通工具開得太快，來不及躲閃那隻寵物？或者是那隻寵物突然間穿出來，來不及注意。如果是速度過快，今後使用交通工具，速度要放慢點，如果是一時精神不濟，以後要格外注意自身的精神狀態。若一味趨向迷信說法，讓人不免有些遺憾。

　　事故發生有它的原由，必須記取教訓才得以保安康。亦如交通工具要格外小心，遵守交通規則之外，還要注意精神狀況，才是避免事故的最佳保障。

　　動亂不安的世局裡，出現一些匪夷所思的迷信，因為不追究事物來由，盲從相信無來由的結果，才會促成迷信充斥世道。理性的人，溯本根源尋求真相，排除迷信，破解不當，將事情還原到根本，從中記取教訓，戒慎恐懼，防止錯誤再犯，不為錯誤找藉口，不為錯誤轉移目標。天助人助也要自助，心思正確，以理性破除迷信，化「否」為「泰」，以保持泰和心境。

　　易經爻辭有言「休否，大人吉，其亡其亡，繫于苞桑」，提醒人們，順境之來，不要忘了逆境根源，居安要思危，記取不順之因，引以為戒，以正信破除迷信，保安康，不讓「否」再度臨門，將「否」包起來塵封，傾否為泰，進而「持盈保泰」精進發展人生、事業於無盡。

第五爻　小象辭　象曰：大人之吉，位正當也。

天地否（☰☷），「九五」陽剛、中正、又居中位，當閉塞不通之際，他擁有最大的人事裁量權，最具扭轉否極泰來的決定者，因爲，沒有他的許可，就沒有了正當性，這個位置，就如古之君王重整朝政，握有最高權力的領導者，「大人之吉，位正當也。」

朝廷宮闕的權力鬥爭歷來有之，權力傾軋有了暗藏洶湧，勢力消長有了危機四伏，稍有不愼，造成權力失衡，整個勢力就會瓦解，所以歷代領導者誰都不喜歡宮闕的內鬥，權力鬥爭是很可怕的。

權力慾望的驅使由不得任何人，也無從遏止它的存在，權力的善用可造福人群，權力的腐化也可禍害人群，禍福就在領導階層對權柄的運用得當與否，應戒愼恐懼檢視權力使用的正當性。

否極或泰來，就在一念之間，握有權力的最高領導者，心存憂患意識，穩定政權，堅固領導中心。也許你是自己的領導者，也許你是企業或團體的最高領導者，當你身處權力核心時，切莫失去戒心，讓權力、名位、財富用之不當，使人在不知不覺中，塑造出可怕的敵人，吞噬心智，不但影響領導者的權威，更影響領導者的權力核心。因此，身居大人

之位，反躬自省善用權柄，才能免於再度淪落到「否」的
窘境。

（一）大人的精神

有位藝術創作者，看到一座傾倒的雕像，便問擁有的主
人，能不能把雕像賣給他。主人聽了開懷大笑，說道：

「居然有人要買這塊沒有用的東西，我正想要請人搬開
它呢？」主人爽快答應他，不但得到了一筆金錢，更省下請
人搬運的工資。雕像被藝術創作者運到了都市。經過細心整
理修改，幾個月後，在一間富麗堂皇的藝術展覽館陳列，來
到展覽館觀賞的人，都不自覺地驚嘆說道：

「呀！居然有這麼精細、美妙的雕像！」

那片石雕像，在原先主人的眼裡，不過是個無用之物。
但是，在藝術創作者的眼裡，它是一尊最精美、最奇妙的藝
術作品，年代雖久，經過修改和整理，成了無價之寶。

人處順境時，常忽略奮鬥過程得到的經驗，總以為事情
結束了，鬆懈心防，久而淡忘歷史價值。一個不能從經驗中
淬取精華的人，永遠不會瞭解它的價值和可貴，雖然，身居
其位，不過是一尊沒有生命的雕像，終有失去光澤的一天，

除非能像藝術創作者，珍惜當前所有，整理思緒修正不善，令其發出光芒，讓藝術成爲無價之寶，讓其精神屹立人間。因此，人要認清自己的位置，做好位置的事情，樹立楷模爲衆人所敬仰，這就是大人的精神，受人尊敬，值得嘉許而吉利。

☯ 第六爻│爻辭 上九：傾否，先否後喜。

「上九」陽爻居陰位，居「否」之末端，不得位（居其位，不得以終，強調「傾否」之成，不代表完成，進而持盈保泰的工作，才要開始，終而未終，繼之以行）。

物極必反、否極泰來之際，要解決「否」之不順，必須徹底排除造成「否」不順的根源，終結「否」不通的現象。

環境本身沒有偏執的問題，是人的心理偏執促成偏見的生成，因此，必須摒除主觀意念的偏執，客觀的態度面對環境，充實才能加強心理建設，排除不當心態以「傾否」，增強解決事物的能力，戒愼恐懼檢視、檢討事物運行過程，排除形成「否」之因素，整理、整頓以達到好的成果，可喜可賀，「傾否，先否後喜。」

（一）誠實對己

面對陌生環境，輕忽事態、錯估形勢而犯錯，亦是造成不順之因。逢此，來自於心態正確與否，而非挫敗本身。很多人記不得挫敗教訓，更可悲的是順境到來，過於輕忽事態，忘記挫敗的苦痛，不曾從失敗中擷取經驗，總是沿用失敗方法，最後註定還是失敗。

造成挫敗的原因，本身有所不足，雖然一度回復原先軌道，不代表危機解除，反而是另一次危機的開始，失而復得固然可喜，但必須反省，徹底檢討缺失改善錯誤，注入新的能量，為之「傾否」之後，予以「持盈保泰」，後續再造力量。

世道所以變亂，因為從上到下，充滿各種不符合實際的期待，又不懂得自我反省，讓奸詐之徒、偽君子有機崛起。他們為了得到利益，互相欺詐、互相爭鬥，漠視他人權益，又害怕既得利益受損，以不當手段掩護非法，四處閃避法規，獲取不當利益，造成世道紊亂，種下「否」的根源。

如果不想成為奸詐之徒、偽君子，「誠實對己」不做不符合實際的需求期待，這是袪除「否」的第一步，唯有根除奢求的期待，君子之道，按照規矩，依法行政，處理問題，將「否」帶來的不順癥結解決，持盈保泰以續未來，歡喜迎

接順境之來，「傾否，先否後喜」。

第六爻　小象辭　象曰：否終則傾，何可長也。

天地否（☰☷），「上九」，「否」之終，物極必反，自然法則的必然。「否」到了終極，參透處境的演變過程，終能打開上、下閉塞不通的瓶頸，則「否」必然傾覆，「否」又何能長久？

自然規律的運行由始至終從一而終，周而復始，原始返終，若能明白其中哲理，則能通暢「否極泰來」精髓，精益求精沿古創新，持盈保泰而不墜。

不經一番寒徹骨歷練，想傾「否」，難，猶如船到橋頭自然直，沒有掌舵者，如何到橋頭？又如何直？「除弊興利」是用心克服、改造不順之點滴累積所得，傾「否」之後而有「泰」之來。

周而復始，是讓人瞭解事物的規律，原始返終，是讓人從經驗中擷取智慧，創造改善成功的方法，克服逆境的法則，因此，「否」之終結，除了天時、地利的配合，最重要的在於人為，人為努力，不懈創造、改善，沿古創新成就解決方法的出爐，將「否」排除，「否終則傾，何可長也。」

（一）泰來之後，又怕什麼？

人生在世，必須接受逆境中的考驗，雖然，帶來苦痛，卻是讓人高飛的養分，讓人登上高峰的動能。逆水行舟是件苦痛歷練，卻有時節，就像春夏秋冬，循環有時，歷經逆水行舟「否極」的痛苦，致力創造改善終能等到「泰」之來。

「否」極則泰來，參透個中致「否」之因，積極努力致力改善，終能打開上、下不通關節，疏通閉塞淤積的管道，小人勢弱陰漸消，君子勢強陽漸長，則「否」必然傾覆，「否」又何能長久？

怕的是，稍有少許成功，就忘了我是誰，忘了舊知換新知，記不得經驗，記不得失敗，經驗與智慧被排除，接觸的是速成的見識，喜新厭舊，忘記故舊裡的經驗和智慧，永遠的新人那有故人來，沒有舊幹那來新枝綠葉，來的新枝綠葉去了舊幹，本末倒置，來了小人去了君子，何能固本根源，導致上下不通，久而必然枯萎，難成大事，否之再來，又有得忙了。

國家圖書館出版品預行編目資料

易經 ： 開啓天書的鑰匙 ： 龍騰天下二部曲 /
戴振琳，徐子雲著.--初版. -- 臺北市 ：
華品文創, 2016.6　　360面 ； 14.8x21公分
　ISBN 978-986-92185-8-0 (平裝)

　1.易經 2.研究考訂
121.17　　　　　　　　　　　105002310

華品文創出版股份有限公司
Chinese Creation Publishing Co.,Ltd.

《易經 ： 開啓天書的鑰匙 龍騰天下二部曲》

作　　者：戴振琳（懷常）　徐子雲
總 經 理：王承惠
總 編 輯：陳秋玲
財 務 長：江美慧
印務統籌：張傳財
美術設計：vision 視覺藝術工作室
出 版 者：華品文創出版股份有限公司
　　　　　地址：100台北市中正區重慶南路一段57號13樓之1
　　　　　讀者服務專線：(02)2331-7103或(02)2331-8030
　　　　　讀者服務傳真：(02)2331-6735
　　　　　E-mail：service.ccpc@msa.hinet.net
　　　　　部落格：http://blog.udn.com/CCPC
總 經 銷：大和書報圖書股份有限公司
　　　　　地址：242新北市新莊區五工五路2號
　　　　　電話：(02)8990-2588
　　　　　傳真：(02)2299-7900
印　　刷：卡樂彩色製版印刷有限公司
初版一刷：2016年6月
定價：平裝新台幣380元
ISBN：978-986-92185-8-0